职业教育·铁道运输类专业教材

TIELU YUNSHU FALÜ FAGUI

铁路运输法律法规

| 第2版 |

张敬文　主　编

刘永金　孙慧慧　夏　菁　边　峰　副主编

吕天宝　主　审

人民交通出版社股份有限公司

北　京

内 容 提 要

本书为职业教育铁道运输类专业教材,其主要内容包括:法律常识,合同知识,《中华人民共和国铁路法》知识,《铁路安全管理条例》知识,《铁路交通事故应急救援和调查处理条例》知识,铁路运输合同,经济纠纷的调节、仲裁和诉讼。

本书坚持正确政治方向和价值导向,体现中国和中华民族风格,全面落实课程思政要求,将知识、能力和正确价值观的培养有机结合。

本书可作为职业院校铁道交通运营管理、城市轨道交通运营管理、铁路物流管理等专业的教材,也可供从事铁路运输管理、技术、业务和教学工作的干部职工学习参考。

本书配有教学课件等丰富教学资源,教师可加入职教铁路教学研讨群(QQ群号:211163250)获取。

图书在版编目(CIP)数据

铁路运输法律法规/张敬文主编. —2版. —北京:
人民交通出版社股份有限公司,2022.8
ISBN 978-7-114-18015-6

Ⅰ.①铁… Ⅱ.①张… Ⅲ.①交通运输管理—法规—中国—职业教育—教材 Ⅳ.①D922.14

中国版本图书馆 CIP 数据核字(2022)第 098432 号

职业教育·铁道运输类专业教材

书 名:	铁路运输法律法规(第2版)
著 作 者:	张敬文
责任编辑:	李 晴
责任校对:	孙国靖 宋佳时
责任印制:	刘高彤
出版发行:	人民交通出版社股份有限公司
地 址:	(100011)北京市朝阳区安定门外外馆斜街3号
网 址:	http://www.ccpcl.com.cn
销售电话:	(010)59757973
总 经 销:	人民交通出版社股份有限公司发行部
经 销:	各地新华书店
印 刷:	中国电影出版社印刷厂
开 本:	787×1092 1/16
印 张:	10
字 数:	237千
版 次:	2015年2月 第1版
	2022年8月 第2版
印 次:	2024年6月 第2版 第3次印刷 总第14次印刷
书 号:	ISBN 978-7-114-18015-6
定 价:	35.00元

(有印刷、装订质量问题的图书由本公司负责调换)

第2版 前·言 Preface

教材编写及修订背景

铁路是国民经济的大动脉,在我国经济建设中起着重要作用。为学习宣传贯彻习近平法治思想,维护好铁路安全稳定发展大局,需不断增强铁路干部职工的国家安全意识与法治意识。作为准铁路职工的铁路院校学生,也要认真学习与铁路运输相关的法律法规,在将来的工作中严格遵守规章制度,保障铁路运输安全畅通,为铁路运输生产安全积极贡献力量。

2018年3月11日《中华人民共和国宪法修正案》通过,2021年1月1日,《中华人民共和国民法典》施行。民法典是中华人民共和国成立以来第一部以法典命名的法律,是新时代我国社会主义法制建设取得的重大成果,在中国特色社会主义法律体系中占有重要地位。宪法修正、民法典颁布后,及时地把宪法、民法典等法律、法规的内容更新、补充进教材并进行普法教育,是推动本教材修订的主要原因。

为深入贯彻落实全国高校思想政治工作会议和全国教育大会精神,落实立德树人根本任务,全面推进职业教育领域三全育人综合改革试点工作,由近及远、由表及里、引人入胜地引导学生理解国家取得的历史性成就、发生的历史性变革,努力实现职业技能和职业精神培养高度融合,也十分有必要对原有教材进行全新改版。

教材特色及主要内容

本教材是在2015年出版的《铁路运输法律法规》基础上,根据铁道交通运营管理专业(客运方向、货运方向、行车方向)、城市轨道交通运营管理专业、铁路物流专业人才培养方案和高等职业教育培养目标,强化思政元素,以就业为导向,突出行业特点,结合铁路运输企业对员工的职业能力要求和学生的职业发展需要修订而成的,旨在增强学生的法律意识,提升职业素养,使学生具备在运输生产中正确运用法律、法规知识处理各类纠纷的关键能力。本教材主要包括以下内容:

模块一　法律常识

模块二　合同知识

模块三　《中华人民共和国铁路法》知识

模块四　《铁路安全管理条例》知识

模块五　《铁路交通事故应急救援和调查处理条例》知识

模块六　铁路运输合同

模块七　经济纠纷的调节、仲裁和诉讼

教材编写分工

本教材由辽宁铁道职业技术学院张敬文任主编,中国铁路沈阳局集团有限公司刘永金及辽宁铁道职业技术学院孙慧慧、夏菁、边峰任副主编,中国铁路哈尔滨局集团有限公司吕天宝任主审。具体分工为模块一、模块二、模块六由张敬文编写,模块三由刘永金编写,模块四由夏菁编写,模块五由孙慧慧编写,模块七由边峰编写。

致谢

本教材的编写得到了很多老师及中国铁路沈阳局集团有限公司、中国铁路哈尔滨局集团有限公司等铁路运输一线相关业务人员的大力帮助,在此表示衷心感谢!限于编者水平,书中难免有不妥之处,恳请批评指正。

编　者

2022 年 3 月

目 录
Contents

模块一 法律常识 ··· 001
 单元一 《中华人民共和国宪法》概述 ··· 002
 单元二 《中华人民共和国民法典》概述 ·· 018
 单元三 《中华人民共和国刑法》概述 ··· 035
 复习思考题 ··· 048

模块二 合同知识 ··· 049
 单元一 合同概述 ·· 050
 单元二 合同的订立、变更、解除、转让和终止 ······························· 056
 单元三 合同的履行和担保 ·· 063
 单元四 合同的保全和违约责任 ·· 070
 复习思考题 ··· 074

模块三 《中华人民共和国铁路法》知识 ·· 075
 单元一 《中华人民共和国铁路法》概述 ·· 076
 单元二 铁路运输营业 ··· 079
 单元三 铁路建设和铁路安全与保护 ··· 084
 单元四 违反《中华人民共和国铁路法》的法律责任 ······················· 088
 复习思考题 ··· 091

模块四 《铁路安全管理条例》知识 ·· 092
 单元一 铁路建设质量安全与铁路专用设备质量安全 ······················· 093
 单元二 铁路线路安全 ··· 096
 单元三 铁路运营安全 ··· 103
 单元四 监督检查与法律责任 ·· 105
 复习思考题 ··· 110

模块五 《铁路交通事故应急救援和调查处理条例》知识 ················· 111
 单元一 事故等级与事故报告 ·· 113

单元二　事故应急救援与调查处理…………………………………………114
　　复习思考题…………………………………………………………………117
模块六　铁路运输合同………………………………………………………………118
　　单元一　铁路运输合同概述………………………………………………119
　　单元二　铁路货物运输合同纠纷的处理…………………………………126
　　单元三　铁路旅客运输合同纠纷的处理…………………………………129
　　单元四　铁路旅客人身损害赔偿纠纷的处理……………………………134
　　复习思考题…………………………………………………………………139
模块七　经济纠纷的调节、仲裁和诉讼……………………………………………140
　　单元一　经济纠纷的调节和仲裁…………………………………………142
　　单元二　经济纠纷的诉讼…………………………………………………145
　　复习思考题…………………………………………………………………150
参考文献………………………………………………………………………………151

模块一 法律常识

模块描述

本模块主要介绍《中华人民共和国宪法》《中华人民共和国民法典》《中华人民共和国刑法》等法律的一般知识。

教学目标

1. 知识目标

(1) 了解宪法、民法典、刑法[1]的一般常识。

(2) 了解自然人、法人享有的权利及义务。

(3) 了解破坏铁路运输设备、设施应承担的法律责任。

2. 能力目标

(1) 能够运用法律知识来解决纠纷。

(2) 了解我国国家机构的组织体系,能够维护宪法尊严,保障宪法实施。

(3) 对于破坏铁路运输设备、设施的行为,能够运用法律知识予以解决。

3. 素质目标

培养依法办事、按章处理各种问题的法律意识,做守法的公民。

建议学时

14 学时。

案例导入

1. 案例简介

某年 2 月 6 日,贵州省某村村民因诉求得不到满足,前往该村村委会闹事。唐某等四名村民将国旗从旗杆上扯下后撕烂,扔到村委会院坝内。2 月 24 日,唐某主动到公安机关投案自首,如实供述所犯罪行。检察机关提起公诉,控诉唐某等四人犯侮辱国旗罪。

---

[1] 宪法、民法典、刑法分别指《中华人民共和国宪法》《中华人民共和国民法典》《中华人民共和国刑法》。

2. 法律依据

(1)《中华人民共和国宪法》

第一百四十一条:中华人民共和国国旗是五星红旗。

(2)《中华人民共和国国旗法》

第三条:中华人民共和国国旗是中华人民共和国的象征和标志。每个公民和组织,都应当尊重和爱护国旗。

第十九条:在公共场合故意以焚烧、毁损、涂划、玷污、践踏等方式侮辱中华人民共和国国旗的,依法追究刑事责任;情节较轻的,由公安机关处以十五日以下拘留。

(3)《中华人民共和国刑法》

第二百九十九条:【侮辱国旗、国徽罪】在公众场合,故意以焚烧、毁损、涂划、玷污、践踏等方式侮辱中华人民共和国国旗、国徽的,处三年以下有期徒刑、拘役、管制或者剥夺政治权利。在公共场合,故意篡改中华人民共和国国歌歌词、曲谱,以歪曲、贬损方式奏唱国歌,或者以其他方式侮辱国歌,情节严重的,依照前款的规定处罚。

3. 案例评析

国旗作为国家的象征和标志,是神圣而庄严的;国旗是国家主权和民族尊严的最高标志之一,是民族精神、爱国主义精神的集中体现。尊重和爱护国旗,正确使用国旗,是每个公民的法定义务。四名被告人在公众场合故意以损毁的方式侮辱中华人民共和国国旗,其行为均已触犯法律,构成侮辱国旗罪,理应受到法律的制裁。

单元一 《中华人民共和国宪法》概述

生活在一个具体国家中,我们要接受国家机构的管理和服务,要正确处理个人权利和国家权力的关系。宪法以法律的形式确认了中国各族人民奋斗的成果,规定了国家的根本制度和根本任务,是国家的根本法,具有最高的法律效力。全国各族人民、一切国家机关和武装力量、各政党和各社会团体、各企业事业组织,都必须以宪法为根本的活动准则,并且负有维护宪法尊严、保证宪法实施的职责。

宪法是中国特色社会主义法律体系的核心,是制定其他法律、法规的依据,是依法治国的前提和基础。

宪法是国家的根本大法,通常规定一个国家的社会制度和国家制度的基本原则、国家机关的组织和活动的基本原则,公民的基本权利和义务等重要内容,有的还规定国旗、国歌、国徽和首都以及统治阶级认为重要的其他制度,涉及国家生活的各个方面。宪法具有最高法律效力,是人们行为的基本法律准则。一切法律、法规都不得同宪法相抵触。

宪法在本质上同普通法律一致。但因为它是根本法,又与普通法律有所不同,具有其特殊属性。由于宪法所规定的是国家生活中最根本、最重要的原则和制度,宪法就成了立法机关进行日常立法活动的法律基础。因而宪法又被称为"母法""最高法",普通法律则被称为"子法"。但是宪法也只能规定立法原则,而不能代替普通立法。

《中华人民共和国宪法》是中华人民共和国的根本大法,具有最高的法律地位、法律权威、法律效力,具有根本性、全局性、稳定性、长期性。任何组织或者个人,都不得有超越宪法和法律的特权。一切违反宪法和法律的行为,都必须予以追究。

《中华人民共和国宪法》是保持国家统一、民族团结、经济发展、社会进步和长治久安的法律基础,是中国共产党执政兴国、团结带领全国各族人民建设中国特色社会主义的法律保证。宪法是其他法律的立法基础,其他法律是宪法的具体化。

宪法是国之重器,是治国理政、安邦稳天下的根本。2014年,我国将12月4日设为"国家宪法日",目的是使每年的这一天成为全民的宪法"教育日、普及日、深化日",形成举国上下宪法至上、尊重宪法、维护宪法、使用宪法的良好社会氛围,让每一个公民都深刻了解宪法知识、增强宪法意识、弘扬宪法精神、推动宪法实施。宪法是中国共产党为人民服务宗旨的集中展现,是党的崇高信仰、党的意志、党的主张和人民意愿的本质要求。国家宪法日的确立,再次彰显了全面推进依法治国的坚定决心。

2018年3月11日,十三届全国人大一次会议通过了宪法修正案,与时俱进地体现了党的主张、国家意志和人民意愿的有机统一,就新时代如何坚持和发展中国特色社会主义、实现"两个一百年"奋斗目标和中华民族伟大复兴中国梦,以根本法的形式给出了答案。

1982年宪法(2018年修正)由序言及总纲,公民的基本权利和义务,国家机构,国旗、国歌、国徽、首都等四章组成,共143条。

小知识

1949年9月29日,中华人民共和国成立前夕召开的中国人民政治协商会议第一届全体会议通过了《中国人民政治协商会议共同纲领》,具有临时宪法的作用。随后起草制定的《中华人民共和国宪法》历经四部,均以相应的年号作为区别。中华人民共和国成立后,曾于1954年9月20日、1975年1月17日、1978年3月5日和1982年12月4日通过四部宪法,现行宪法为1982年宪法,为了适应中国经济和社会的发展变化,全国人民代表大会分别于1988年4月、1993年3月、1999年3月、2004年3月和2018年3月对这部宪法逐步进行了修改、完善。一般默认的宪法为最新版本,即1982年宪法的2018年修正版。

以下简要介绍宪法相关内容,部分内容节选自《中华人民共和国宪法》原文。

一、宪法是国家的最高法

(一)规定国家的根本制度

宪法作为一个国家的根本法,它的首要任务就是要确立这个国家的性质即由谁来统治这个国家,同时还要规定这个国家进行统治的方式,这两者在宪法学上分别叫作国体和政体。关于我国国家制度(即国体)宪法第一条规定:"中华人民共和国是工人阶级领导的、以工农联盟为基础的人民民主专政的社会主义国家。社会主义制度是中华人民共和国的根本制度。中国共产党领导是中国特色社会主义最本质的特征。禁止任何组织或者个人破坏社会主义制度。"

关于我国的根本政治制度(即政体),宪法第二条规定:"中华人民共和国的一切权力属于人民。人民行使国家权力的机关是全国人民代表大会和地方各级人民代表大会。人民依照法律规定,通过各种途径和形式,管理国家事务,管理经济和文化事业,管理社会事务。"

(二)中华人民共和国的国家机构实行民主集中制的原则

全国人民代表大会和地方各级人民代表大会都由民主选举产生,对人民负责,受人民监督。国家行政机关、监察机关、审判机关、检察机关都由人民代表大会产生,对它负责,受它监督。中央和地方的国家机构职权的划分,遵循在中央的统一领导下,充分发挥地方的主动性、积极性的原则。

(三)民族平等

中华人民共和国各民族一律平等,国家保障各少数民族的合法的权利和利益,维护和发展各民族的平等团结互助和谐关系。禁止对任何民族的歧视和压迫,禁止破坏民族团结和制造民族分裂的行为。

(四)依法治国

中华人民共和国实行依法治国,建设社会主义法治国家。国家维护社会主义法制的统一和尊严。

一切法律、行政法规和地方性法规都不得同宪法相抵触。任何组织或者个人都不得有超越宪法和法律的特权。

(五)经济制度

中华人民共和国的社会主义经济制度的基础是生产资料的社会主义公有制,即全民所有制和劳动群众集体所有制。社会主义公有制消灭人剥削人的制度,实行各尽所能、按劳分配的原则。

国有经济,即社会主义全民所有制经济,是国民经济中的主导力量。国家保障国有经济的巩固和发展。

农村集体经济组织实行家庭承包经营为基础、统分结合的双层经营体制。农村中的生产、供销、信用、消费等各种形式的合作经济,是社会主义劳动群众集体所有制经济。

城镇中的手工业、工业、建筑业、运输业、商业、服务业等行业的各种形式的合作经济,都是社会主义劳动群众集体所有制经济。

(六)所有制

矿藏、水流、森林、山岭、草原、荒地、滩涂等自然资源,都属于国家所有,即全民所有;由法律规定属于集体所有的森林和山岭、草原、荒地、滩涂除外。

城市的土地属于国家所有。农村和城市郊区的土地,除由法律规定属于国家所有的以外,属于集体所有；宅基地和自留地、自留山，也属于集体所有。

国家为了公共利益的需要，可以依照法律规定对土地实行征收或者征用并给予补偿。

(七) 保护公有和合法私有财产

社会主义的公共财产神圣不可侵犯。国家保护社会主义的公共财产。禁止任何组织或者个人用任何手段侵占或者破坏国家的和集体的财产。

公民的合法的私有财产不受侵犯。国家依照法律规定保护公民的私有财产权和继承权。

(八) 国家实行社会主义市场经济

国有企业在法律规定的范围内有权自主经营。

集体经济组织在遵守有关法律的前提下，有独立进行经济活动的自主权。

中华人民共和国允许外国的企业和其他经济组织或者个人依照中华人民共和国法律的规定在中国投资，同中国的企业或者其他经济组织进行各种形式的经济合作。

在中国境内的外国企业和其他外国经济组织以及中外合资经营的企业，都必须遵守中华人民共和国的法律。它们的合法的权利和利益受中华人民共和国法律的保护。

(九) 发展社会主义的教育、科学、医疗、体育、艺术事业

国家发展社会主义的教育事业，提高全国人民的科学文化水平。

国家发展自然科学和社会科学事业，普及科学和技术知识，奖励科学研究成果和技术发明创造。

国家发展医疗卫生事业，发展现代医药和我国传统医药，鼓励和支持农村集体经济组织、国家企业事业组织和街道组织举办各种医疗卫生设施，开展群众性的卫生活动，保护人民健康。

国家发展体育事业，开展群众性的体育活动，增强人民体质。

国家发展为人民服务、为社会主义服务的文学艺术事业、新闻广播电视事业、出版发行事业、图书馆博物馆文化馆和其他文化事业，开展群众性的文化活动。

国家保护名胜古迹、珍贵文物和其他重要历史文化遗产。

(十) 培养人才、保护环境

国家培养为社会主义服务的各种专业人才，扩大知识分子的队伍，创造条件，充分发挥他们在社会主义现代化建设中的作用。

国家推行计划生育，使人口的增长同经济和社会发展计划相适应。

国家保护和改善生活环境和生态环境，防治污染和其他公害。

国家组织和鼓励植树造林，保护林木。

(十一) 中华人民共和国的行政区域划分

全国分为省、自治区、直辖市。

省、自治区分为自治州、县、自治县、市。

县、自治县分为乡、民族乡、镇。

直辖市和较大的市分为区、县。自治州分为县、自治县、市。

自治区、自治州、自治县都是民族自治地方。

国家在必要时得设立特别行政区。在特别行政区内实行的制度按照具体情况由全国人民代表大会以法律规定。

(十二) 对境内外国人的约束与保护

中华人民共和国保护在中国境内的外国人的合法权利和利益,在中国境内的外国人必须遵守中华人民共和国的法律。

中华人民共和国对于因为政治原因要求避难的外国人,可以给予受庇护的权利。

二、公民的基本权利和义务

人权是人按其自然属性和社会属性所应当享有的权利。公民的基本权利就是公民所享有的基本的具有重要意义的权利。世界各国一般都在宪法中对公民的基本权利进行确认和表述,并对其实现加以保障。我国宪法全面系统地规定了公民的基本权利和义务。

(一) 平等权

凡具有中华人民共和国国籍的人都是中华人民共和国公民。中华人民共和国公民在法律面前一律平等。国家尊重和保障人权。任何公民享有宪法和法律规定的权利,同时必须履行宪法和法律规定的义务。

小知识

国籍是自然人被确定属于某一国家成员的法律上的资格或者身份,是区分本国人和外国人的唯一标准。国籍具有对内和对外两种意义。对内的意义是,一个人一旦取得某一国家的国籍后,就可以享受该国家宪法和法律规定的权利,同时也承担该国宪法和法律规定的义务。对外的意义是,具有某一国家国籍的人,其合法权益受到该国家的外交保护。公民是指具有某国国籍并根据该国宪法和法律规定享受权利和承担义务的自然人。各国普遍的做法是,将取得国籍作为取得本国公民资格的法律条件。凡具有中华人民共和国国籍的人都是中华人民共和国公民。所以,取得中国国籍是成为中国公民的充分条件。

公民与人民的区别是,人民是一个政治概念,而公民是一个法律概念。人民是国家权力的所有者,而公民是法律上权利和义务的主体。公民的范围比人民的范围要广泛,一切具有中华人民共和国国籍的人都是公民,他享有法律上的权利,承担法律规定的义务。而人民的范围是指全体社会主义的劳动者,拥护社会主义的爱国者和拥护祖国统一的爱国者。

(二) 选举权和被选举权

中华人民共和国年满十八周岁的公民,不分民族、种族、性别、职业、家庭出身、宗教信仰、教育程度、财产状况、居住期限,都有选举权和被选举权;但是依照法律被剥夺政治权利的人除外。

(三)自由

中华人民共和国公民有言论、出版、集会、结社、游行、示威的自由。中华人民共和国公民有宗教信仰自由。任何国家机关、社会团体和个人不得强制公民信仰宗教或者不信仰宗教,不得歧视信仰宗教的公民和不信仰宗教的公民。国家保护正常的宗教活动。任何人不得利用宗教进行破坏社会秩序、损害公民身体健康、妨碍国家教育制度的活动。

中华人民共和国公民的人身自由不受侵犯。任何公民,非经人民检察院批准或者决定或者人民法院决定,并由公安机关执行,不受逮捕。

禁止非法拘禁和以其他方法非法剥夺或者限制公民的人身自由,禁止非法搜查公民的身体。

(四)人格尊严

中华人民共和国公民的人格尊严不受侵犯。禁止用任何方法对公民进行侮辱、诽谤和诬告陷害。

(五)住宅受保护

中华人民共和国公民的住宅不受侵犯。禁止非法搜查或者非法侵入公民的住宅。

(六)通信自由和通信秘密权

中华人民共和国公民的通信自由和通信秘密受法律的保护。除因国家安全或者追查刑事犯罪的需要,由公安机关或者检察机关依照法律规定的程序对通信进行检查外,任何组织或者个人不得以任何理由侵犯公民的通信自由和通信秘密。

(七)获得国家赔偿的权利

中华人民共和国公民对于任何国家机关和国家工作人员,有提出批评和建议的权利;对于任何国家机关和国家工作人员的违法失职行为,有向有关国家机关提出申诉、控告或者检举的权利,但是不得捏造或者歪曲事实进行诬告陷害。

对于公民的申诉、控告或者检举,有关国家机关必须查清事实,负责处理。任何人不得压制和打击报复。由于国家机关和国家工作人员侵犯公民权利而受到损失的人,有依照法律规定取得赔偿的权利。

(八)劳动权

中华人民共和国公民有劳动的权利和义务。国家通过各种途径,创造劳动就业条件,加强劳动保护,改善劳动条件,并在发展生产的基础上,提高劳动报酬和福利待遇。

劳动是一切有劳动能力的公民的光荣职责。国有企业和城乡集体经济组织的劳动者都应当以国家主人翁的态度对待自己的劳动。国家提倡社会主义劳动竞赛,奖励劳动模范和先进工作者。国家提倡公民从事义务劳动。国家对就业前的公民进行必要的劳动就业训练。

(九)劳动者休息权

中华人民共和国劳动者有休息的权利。国家发展劳动者休息和休养的设施,规定职工的工作时间和休假制度。

(十)退休人员的生活保障权

国家依照法律规定实行企业事业组织的职工和国家机关工作人员的退休制度。退休人员的生活受到国家和社会的保障。

(十一)获得物质帮助权

中华人民共和国公民在年老、疾病或者丧失劳动能力的情况下,有从国家和社会获得物质帮助的权利。国家发展为公民享受这些权利所需要的社会保险、社会救济和医疗卫生事业。

国家和社会保障残废军人的生活,抚恤烈士家属,优待军人家属。

国家和社会帮助安排盲、聋、哑和其他有残疾的公民的劳动、生活和教育。

(十二)受教育权

中华人民共和国公民有受教育的权利和义务。国家培养青年、少年、儿童在品德、智力、体质等方面全面发展。

(十三)男女平等权

中华人民共和国妇女在政治的、经济的、文化的、社会的和家庭的生活等各方面享有同男子平等的权利。

国家保护妇女的权利和利益,实行男女同工同酬,培养和选拔妇女干部。

(十四)其他权利

中华人民共和国公民有进行科学研究、文学艺术创作和其他文化活动的自由。国家对于从事教育、科学、技术、文学、艺术和其他文化事业的公民的有益于人民的创造性工作,给以鼓励和帮助。婚姻、家庭、母亲和儿童受国家的保护。

(十五)公民的义务

(1)夫妻双方有实行计划生育的义务。父母有抚养教育未成年子女的义务,成年子女有赡养扶助父母的义务。禁止破坏婚姻自由,禁止虐待老人、妇女和儿童。

(2)中华人民共和国保护华侨的正当的权利和利益,保护归侨和侨眷的合法的权利和利益。中华人民共和国公民在行使自由和权利的时候,不得损害国家的、社会的、集体的利益和其他公民的合法的自由和权利。

(3)中华人民共和国公民有维护国家统一和全国各民族团结的义务。

(4)中华人民共和国公民必须遵守宪法和法律,保守国家秘密,爱护公共财产,遵守劳动纪律,遵守公共秩序,尊重社会公德。

(5)中华人民共和国公民有维护祖国的安全、荣誉和利益的义务,不得有危害祖国的安全、荣誉和利益的行为。

(6)保卫祖国、抵抗侵略是中华人民共和国每一个公民的神圣职责。依照法律服兵役和参加民兵组织是中华人民共和国公民的光荣义务。

(7)中华人民共和国公民有依照法律纳税的义务。

三、国家机构体系

根据我国宪法规定,我国的国家机构由全国人民代表大会、中华人民共和国主席、国务院、中央军事委员会、地方各级人民代表大会和地方各级人民政府、民族自治地方的自治机关、监察委员会、人民法院和人民检察院等组成。

(一)全国人民代表大会

1. 中华人民共和国全国人民代表大会是最高国家权力机关

中华人民共和国全国人民代表大会是最高国家权力机关。它的常设机关是全国人民代表大会常务委员会。全国人民代表大会和全国人民代表大会常务委员会行使国家立法权。

全国人民代表大会由省、自治区、直辖市、特别行政区和军队选出的代表组成。各少数民族都应当有适当名额的代表。全国人民代表大会代表的选举由全国人民代表大会常务委员会主持。全国人民代表大会代表名额和代表产生办法由法律规定。

全国人民代表大会每届任期五年。全国人民代表大会任期届满的两个月以前,全国人民代表大会常务委员会必须完成下届全国人民代表大会代表的选举。如果遇到不能进行选举的非常情况,由全国人民代表大会常务委员会以全体组成人员的三分之二以上的多数通过,可以推迟选举,延长本届全国人民代表大会的任期。在非常情况结束后一年内,必须完成下届全国人民代表大会代表的选举。

全国人民代表大会会议每年举行一次,由全国人民代表大会常务委员会召集。如果全国人民代表大会常务委员会认为必要,或者有五分之一以上的全国人民代表大会代表提议,可以临时召集全国人民代表大会会议。全国人民代表大会举行会议的时候,选举主席团主持会议。

2. 全国人民代表大会的职权

全国人民代表大会行使下列职权:

(1)修改宪法。

(2)监督宪法的实施。

(3)制定和修改刑事、民事、国家机构的和其他的基本法律。

(4)选举中华人民共和国主席、副主席。

(5)根据中华人民共和国主席的提名,决定国务院总理的人选;根据国务院总理的提名,决定国务院副总理、国务委员、各部部长、各委员会主任、审计长、秘书长的人选。

(6)选举中央军事委员会主席;根据中央军事委员会主席的提名,决定中央军事委员会其他组成人员的人选。

(7) 选举国家监察委员会主任。

(8) 选举最高人民法院院长。

(9) 选举最高人民检察院检察长。

(10) 审查和批准国民经济和社会发展计划和计划执行情况的报告。

(11) 审查和批准国家的预算和预算执行情况的报告。

(12) 改变或者撤销全国人民代表大会常务委员会不适当的决定。

(13) 批准省、自治区和直辖市的建置。

(14) 决定特别行政区的设立及其制度。

(15) 决定战争和和平的问题。

(16) 应当由最高国家权力机关行使的其他职权。

3. 全国人民代表大会的罢免权

全国人民代表大会有权罢免下列人员：

(1) 中华人民共和国主席、副主席。

(2) 国务院总理、副总理、国务委员、各部部长、各委员会主任、审计长、秘书长。

(3) 中央军事委员会主席和中央军事委员会其他组成人员。

(4) 国家监察委员会主任。

(5) 最高人民法院院长。

(6) 最高人民检察院检察长。

4. 宪法的修改

宪法的修改，由全国人民代表大会常务委员会或者五分之一以上的全国人民代表大会代表提议，并由全国人民代表大会以全体代表的三分之二以上的多数通过。

法律和其他议案由全国人民代表大会以全体代表的过半数通过。

5. 全国人民代表大会常务委员会的组成

全国人民代表大会常务委员会由下列人员组成：委员长，副委员长若干人，秘书长，委员若干人。

全国人民代表大会常务委员会组成人员中，应当有适当名额的少数民族代表。

全国人民代表大会选举并有权罢免全国人民代表大会常务委员会的组成人员。

全国人民代表大会常务委员会的组成人员不得担任国家行政机关、监察机关、审判机关和检察机关的职务。

6. 全国人民代表大会常务委员会的任期

全国人民代表大会常务委员会每届任期同全国人民代表大会每届任期相同，它行使职权到下届全国人民代表大会选出新的常务委员会为止。委员长、副委员长连续任职不得超过两届。

7. 全国人民代表大会常务委员会的职权

全国人民代表大会常务委员会行使下列职权：

（1）解释宪法，监督宪法的实施。

（2）制定和修改除应当由全国人民代表大会制定的法律以外的其他法律。

（3）在全国人民代表大会闭会期间，对全国人民代表大会制定的法律进行部分补充和修改，但是不得同该法律的基本原则相抵触。

（4）解释法律。

（5）在全国人民代表大会闭会期间，审查和批准国民经济和社会发展计划、国家预算在执行过程中所必须作的部分调整方案。

（6）监督国务院、中央军事委员会、国家监察委员会、最高人民法院和最高人民检察院的工作。

（7）撤销国务院制定的同宪法、法律相抵触的行政法规、决定和命令。

（8）撤销省、自治区、直辖市国家权力机关制定的同宪法、法律和行政法规相抵触的地方性法规和决议。

（9）在全国人民代表大会闭会期间，根据国务院总理的提名，决定部长、委员会主任、审计长、秘书长的人选。

（10）在全国人民代表大会闭会期间，根据中央军事委员会主席的提名，决定中央军事委员会其他组成人员的人选。

（11）根据国家监察委员会主任的提请，任免国家监察委员会副主任、委员。

（12）根据最高人民法院院长的提请，任免最高人民法院副院长、审判员、审判委员会委员和军事法院院长。

（13）根据最高人民检察院检察长的提请，任免最高人民检察院副检察长、检察员、检察员会委员和军事检察院检察长，并且批准省、自治区、直辖市的人民检察院检察长的任免。

（14）决定驻外全权代表的任免。

（15）决定同外国缔结的条约和重要协定的批准和废除。

（16）规定军人和外交人员的衔级制度和其他专门衔级制度。

（17）规定和决定授予国家的勋章和荣誉称号。

（18）决定特赦。

（19）在全国人民代表大会闭会期间，如果遇到国家遭受武装侵犯或者必须履行国际间共同防止侵略的条约的情况，决定战争状态的宣布。

（20）决定全国总动员或者局部动员。

（21）决定全国或者个别省、自治区、直辖市进入紧急状态。

（22）全国人民代表大会授予的其他职权。

（二）中华人民共和国主席

1. 中华人民共和国主席、副主席的产生

中华人民共和国主席、副主席由全国人民代表大会选举。有选举权和被选举权的年满四十五周岁的中华人民共和国公民可以被选为中华人民共和国主席、副主席。

2. 主席、副主席的任期、职权

中华人民共和国主席、副主席每届任期同全国人民代表大会每届任期相同。

中华人民共和国主席根据全国人民代表大会的决定和全国人民代表大会常务委员会的决定,公布法律,任免国务院总理、副总理、国务委员、各部部长、各委员会主任、审计长、秘书长,授予国家的勋章和荣誉称号,发布特赦令,宣布进入紧急状态,宣布战争状态,发布动员令。

中华人民共和国主席代表中华人民共和国,进行国事活动,接受外国使节;根据全国人民代表大会常务委员会的决定,派遣和召回驻外全权代表,批准和废除同外国缔结的条约和重要协定。

中华人民共和国副主席协助主席工作。中华人民共和国副主席受主席的委托,可以代行主席的部分职权。

中华人民共和国主席、副主席行使职权到下届全国人民代表大会选出的主席、副主席就职为止。

3. 主席、副主席缺位

中华人民共和国主席缺位的时候,由副主席继任主席的职位。中华人民共和国副主席缺位的时候,由全国人民代表大会补选。

中华人民共和国主席、副主席都缺位的时候,由全国人民代表大会补选;在补选以前,由全国人民代表大会常务委员会委员长暂时代理主席职位。

(三) 国务院

1. 中华人民共和国国务院的地位

中华人民共和国国务院,即中央人民政府,是最高国家权力机关的执行机关,是最高国家行政机关。

2. 国务院的组成

国务院由下列人员组成:

(1) 总理。

(2) 副总理若干人。

(3) 国务委员若干人。

(4) 各部部长。

(5) 各委员会主任。

(6) 审计长。

(7) 秘书长。

3. 国务院的组织

国务院实行总理负责制。各部、各委员会实行部长、主任负责制。

国务院的组织由法律规定。

4. 国务院的任期

国务院每届任期同全国人民代表大会每届任期相同。总理、副总理、国务委员连续任职不得超过两届。

5. 国务院的工作

总理领导国务院的工作。副总理、国务委员协助总理工作。

总理、副总理、国务委员、秘书长组成国务院常务会议。总理召集和主持国务院常务会议和国务院全体会议。

6. 国务院的职权

国务院行使下列职权：

(1) 根据宪法和法律，规定行政措施，制定行政法规，发布决定和命令。

(2) 向全国人民代表大会或者全国人民代表大会常务委员会提出议案。

(3) 规定各部和各委员会的任务和职责，统一领导各部和各委员会的工作，并且领导不属于各部和各委员会的全国性的行政工作。

(4) 统一领导全国地方各级国家行政机关的工作，规定中央和省、自治区、直辖市的国家行政机关的职权的具体划分。

(5) 编制和执行国民经济和社会发展计划和国家预算。

(6) 领导和管理经济工作和城乡建设、生态文明建设。

(7) 领导和管理教育、科学、文化、卫生、体育和计划生育工作。

(8) 领导和管理民政、公安、司法行政等工作。

(9) 管理对外事务，同外国缔结条约和协定。

(10) 领导和管理国防建设事业。

(11) 领导和管理民族事务，保障少数民族的平等权利和民族自治地方的自治权利。

(12) 保护华侨的正当的权利和利益，保护归侨和侨眷的合法的权利和利益。

(13) 改变或者撤销各部、各委员会发布的不适当的命令、指示和规章。

(14) 改变或者撤销地方各级国家行政机关的不适当的决定和命令。

(15) 批准省、自治区、直辖市的区域划分，批准自治州、县、自治县、市的建置和区域划分。

(16) 依照法律规定决定省、自治区、直辖市的范围内部分地区进入紧急状态。

(17) 审定行政机构的编制，依照法律规定任免、培训、考核和奖惩行政人员。

(18) 全国人民代表大会和全国人民代表大会常务委员会授予的其他职权。

7. 国务院各部门的工作

国务院各部部长、各委员会主任负责本部门的工作；召集和主持部务会议或者委员会会议、委务会议，讨论决定本部门工作的重大问题。

各部、各委员会根据法律和国务院的行政法规、决定、命令，在本部门的权限内，发布命令、指示和规章。

8. 国务院的审计机关

国务院设立审计机关，对国务院各部门和地方各级政府的财政收支，对国家的财政金融机构和企业事业组织的财务收支，进行审计监督。

审计机关在国务院总理领导下，依照法律规定独立行使审计监督权，不受其他行政机关、社会团体和个人的干涉。

9. 国务院工作的报告

国务院对全国人民代表大会负责并报告工作;在全国人民代表大会闭会期间,对全国人民代表大会常务委员会负责并报告工作。

(四) 中央军事委员会

1. 中央军事委员会的地位

中华人民共和国中央军事委员会领导全国武装力量。

2. 中央军事委员会的组成

中央军事委员会由下列人员组成:

(1)主席。

(2)副主席若干人。

(3)委员若干人。

3. 中央军事委员会实行主席负责制

4. 中央军事委员会每届任期同全国人民代表大会每届任期相同

5. 中央军事委员会主席对全国人民代表大会和全国人民代表大会常务委员会负责

(五) 地方各级人民代表大会和地方各级人民政府

1. 各级人民代表大会和人民政府的设置

省、直辖市、县、市、市辖区、乡、民族乡、镇设立人民代表大会和人民政府。

地方各级人民代表大会和地方各级人民政府的组织由法律规定。

自治区、自治州、自治县设立自治机关。

2. 各级人民代表大会的地位

地方各级人民代表大会是地方国家权力机关。县级以上的地方各级人民代表大会设立常务委员会。

3. 各级人民代表大会的选举

省、直辖市、设区的市的人民代表大会代表由下一级的人民代表大会选举;县、不设区的市、市辖区、乡、民族乡、镇的人民代表大会代表由选民直接选举。

地方各级人民代表大会代表名额和代表产生办法由法律规定。

4. 各级人民代表大会的任期

地方各级人民代表大会每届任期五年。

5. 各级人民代表大会的职责

地方各级人民代表大会在本行政区域内,保证宪法、法律、行政法规的遵守和执行;依照法律规定的权限,通过和发布决议,审查和决定地方的经济建设、文化建设和公共事业建设的计划。

县级以上的地方各级人民代表大会审查和批准本行政区域内的国民经济和社会发展计划、预算以及它们的执行情况的报告;有权改变或者撤销本级人民代表大会常务委员会不适当的决定。

民族乡的人民代表大会可以依照法律规定的权限采取适合民族特点的具体措施。

6.各级人民代表大会的权力

省、直辖市的人民代表大会和它们的常务委员会,在不同宪法、法律、行政法规相抵触的前提下,可以制定地方性法规,报全国人民代表大会常务委员会备案。

设区的市的人民代表大会和它们的常务委员会,在不同宪法、法律、行政法规和本省、自治区的地方性法规相抵触的前提下,可以依照法律规定制定地方性法规,报本省、自治区人民代表大会常务委员会批准后施行。

(六)民族自治地方的自治机关

1.民族自治地方的自治机关的组成

民族自治地方的自治机关是自治区、自治州、自治县的人民代表大会和人民政府。

自治区、自治州、自治县的人民代表大会中,除实行区域自治的民族的代表外,其他居住在本行政区域内的民族也应当有适当名额的代表。

自治区、自治州、自治县的人民代表大会常务委员会中应当有实行区域自治的民族的公民担任主任或者副主任。

2.民族自治地方的自治机关的领导

自治区主席、自治州州长、自治县县长由实行区域自治的民族的公民担任。

(七)监察委员会

1.监察委员会的地位

中华人民共和国各级监察委员会是国家的监察机关。

2.各级监察委员会

中华人民共和国设立国家监察委员会和地方各级监察委员会。

3.监察委员会的组成

监察委员会由下列人员组成:

(1)主任。

(2)副主任若干人。

(3)委员若干人。

4.监察委员会的任期

监察委员会主任每届任期同本级人民代表大会每届任期相同。国家监察委员会主任连续任职不得超过两届。监察委员会的组织和职权由法律规定。

5.中华人民共和国国家监察委员会是最高监察机关

国家监察委员会领导地方各级监察委员会的工作,上级监察委员会领导下级监察委员会的工作。

6. 监察委员会的职责

国家监察委员会对全国人民代表大会和全国人民代表大会常务委员会负责。地方各级监察委员会对产生它的国家权力机关和上一级监察委员会负责。

7. 监察委员会的权力

监察委员会依照法律规定独立行使监察权,不受行政机关、社会团体和个人的干涉。

监察机关办理职务违法和职务犯罪案件,应当与审判机关、检察机关、执法部门互相配合,互相制约。

(八) 人民法院和人民检察院

1. 中华人民共和国人民法院

中华人民共和国人民法院是国家的审判机关。中华人民共和国设立最高人民法院、地方各级人民法院和军事法院等专门人民法院。

最高人民法院院长每届任期同全国人民代表大会每届任期相同,连续任职不得超过两届。人民法院的组织由法律规定。

人民法院审理案件,除法律规定的特别情况外,一律公开进行。被告人有权获得辩护。

人民法院依照法律规定独立行使审判权,不受行政机关、社会团体和个人的干涉。

最高人民法院是最高审判机关。

最高人民法院监督地方各级人民法院和专门人民法院的审判工作,上级人民法院监督下级人民法院的审判工作。

最高人民法院对全国人民代表大会和全国人民代表大会常务委员会负责。地方各级人民法院对产生它的国家权力机关负责。

2. 中华人民共和国人民检察院

中华人民共和国人民检察院是国家的法律监督机关。中华人民共和国设立最高人民检察院、地方各级人民检察院和军事检察院等专门人民检察院。

最高人民检察院检察长每届任期同全国人民代表大会每届任期相同,连续任职不得超过两届。人民检察院的组织由法律规定。

最高人民检察院是最高检察机关。最高人民检察院领导地方各级人民检察院和专门人民检察院的工作,上级人民检察院领导下级人民检察院的工作。

最高人民检察院对全国人民代表大会和全国人民代表大会常务委员会负责。地方各级人民检察院对产生它的国家权力机关和上级人民检察院负责。

各民族公民都有用本民族语言文字进行诉讼的权利。人民法院和人民检察院对于不通晓当地通用的语言文字的诉讼参与人,应当为他们翻译。

在少数民族聚居或者多民族共同居住的地区,应当用当地通用的语言进行审理;起诉书、判决书、布告和其他文书应当根据实际需要使用当地通用的一种或者几种文字。

人民法院、人民检察院和公安机关办理刑事案件,应当分工负责,互相配合,互相制约,以保证准确有效地执行法律。

四、国旗、国歌、国徽、首都

1. 中华人民共和国国旗

中华人民共和国国旗是五星红旗。

2. 中华人民共和国国歌

中华人民共和国国歌是《义勇军进行曲》。

3. 中华人民共和国国徽

中华人民共和国国徽,中间是五星照耀下的天安门,周围是谷穗和齿轮。

4. 中华人民共和国首都

中华人民共和国首都是北京。

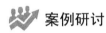
案例研讨

案例1-1：泄露国家机密案

案例描述：米某,18岁,北京某大学学生。其父为中央某部领导干部。一天下午,他在父亲的桌子上看见了制造飞机的图纸。米某照图纸做出模型在学校展览,结果把新型飞机式样泄露出去,给国家造成了损失。

请运用宪法知识对本案进行评析。

案例1-2：扰乱社会秩序案

案例描述：袁某,15岁,山东某中学学生。安某、袁某二人同在一个学校,好搞恶作剧,不爱学习,每天放学就在车站乱转。春节前夕,安、袁二人又想到了一起恶作剧的"妙法",于是二人给火车站派出所发去一封匿名的举报信,信中说最近有人背了几公斤炸药准备炸火车站。火车站派出所接到报案,立即报告区公安分局,区公安分局又报告了市公安局,市公安局下令从即日起加强火车站、长途汽车站的监视检查,在全市进行戒备,并进行立案侦查。刑警队十天时间的侦查,最后发现是安、袁二人在捣鬼。安、袁二人在主观上出于故意,以举报的形式在社会上制造恐慌,严重扰乱了社会秩序。

请运用宪法知识对本案进行评析。

案例1-3：破坏自然资源案

案例描述：毛甲,15岁,陕西省某县某中学学生。毛乙,15岁,陕西省某县某中学学生。卞某,14岁,陕西省某县某中学学生。毛甲、毛乙、卞某三人某日放学回家,在路过一条山沟时,突然发现一只熊猫,三人不顾一切地追打熊猫,还用藤条将熊猫捆起来,拟抬往家中。由于熊猫被三人打昏且捆绑不得法,熊猫在半路上就死了。三人将熊猫抬回家交给父母,父母将熊猫进行了销毁处理。

请运用宪法知识对本案进行评析。

案例1-4：歧视残疾人案

案例描述：杨某因小时候患小儿麻痹症,导致下肢残疾,行动不便。杨某高中毕业报考该市普通中专学校,填报第一志愿是该市某财贸学校。该校录取分数线为436分,杨某考试成绩为467分,超过录取分数线,已具备录取条件。但该校以本校的计算机房在四楼,杨某身体不便为由,拒绝录取杨某。

请运用宪法知识对本案进行评析。

单元二 《中华人民共和国民法典》概述

一、编纂民法典的意义

《中华人民共和国民法典》被称为"社会生活的百科全书",是民事权利的宣言书和保障书,几乎所有的民事活动大到合同签订、公司设立,小到缴纳物业费、离婚,都能在民法典中找到依据。

2020年5月28日,十三届全国人大三次会议表决通过了《中华人民共和国民法典》,自2021年1月1日起施行。《中华人民共和国婚姻法》《中华人民共和国继承法》《中华人民共和国民法通则》《中华人民共和国收养法》《中华人民共和国担保法》《中华人民共和国合同法》《中华人民共和国物权法》《中华人民共和国侵权责任法》《中华人民共和国民法总则》同时废止。民法典是新中国第一部以法典命名的法律,开创了我国法典编纂立法的先河,具有里程碑意义。

回顾人类文明史,编纂法典是具有重要标志意义的法治建设工程,是一个国家走向繁荣强盛、文明进步的象征。编纂一部真正属于中国人民的民法典,是新中国几代人的夙愿。编纂民法典是党的十八届四中全会提出的重大立法任务,是以习近平同志为核心的党中央作出的重大法治建设部署。在系统总结制度建设成果和实践经验的基础上,对我国现行的、制定于不同时期的民法通则、物权法、合同法、担保法、婚姻法、收养法、继承法、侵权责任法和人格权等方面的民事法律规范进行全面系统的编订纂修,编纂一部具有中国特色、体现时代特点、反映人民意愿的民法典,不仅能充分彰显中国特色社会主义法律制度成果和制度自信,促进和保障中国特色社会主义事业不断发展,也能为人类法治文明的发展进步贡献中国智慧和中国方案,为新时代坚持和完善中国特色社会主义制度、实现第二个百年奋斗目标、实现中华民族伟大复兴中国梦提供完备的民事法治保障。

民法典在法律体系中居于基础性地位,也是社会主义市场经济的基本法。民法与每个人息息相关,民法问题本质上又是民生问题。编纂民法典,是增进人民福祉、维护最广大人民根本利益的必然要求。加强个人信息保护、对保护网络虚拟财产作出规定、细化网络侵权责任、明确规定生态环境损害的修复和赔偿规则,民法典全面回应新时代人民群众法治需求,充分反映人民意愿,聚焦经济社会热点难点问题,全面加强了对公民人身权、财产权、人格权的保护,形成更加规范有效的权利保护机制,充分彰显了以人为本、立法为民的理念。民法典是一部以人民为中心的法典,有利于更好维护人民权益,维护社会公平正义,促进人的全面发展。

民法典弘扬社会主义核心价值观,确立平等、自愿、公平、诚信、不违背公序良俗、节约资源、保护生态环境等基本原则,实现了中国传统优秀法律文化和现代民事法律规范的融合,为我国民事法律制度注入了强大的道德力量。通过民法典的施行,以法治承载道德观念,以道德滋养法治精神,必将使社会主义核心价值观更加深入人心,为建设富强、民主、文明、和谐、美丽的社会主义现代化强国夯实社会根基。民法典的编纂立法是推进全面依法治国、完善中国特色社会主义法律体系的重要标志,对推动国家治理体系和治理能力现代化,推动新时代改革开放和社会主义现代化建设,具有重大而深远的意义。

想一想

《中华人民共和国民法典》是新中国第一部以法典命名的法律,从何时开始实施生效?

二、民法典的主要内容

《中华人民共和国民法典》共7编、1260条,各编依次为总则、物权、合同、人格权、婚姻家庭、继承、侵权责任,以及附则。

(一)总则编

"总则"规定民事活动必须遵循的基本原则和一般性规则,统领民法典其他分编。

1. 基本规定

第一编第一章规定了民法典的立法目的和依据。

2. 民事主体

民事主体是民事关系的参与者、民事权利的享有者、民事义务的履行者和民事责任的承担者,具体包括三类:一是自然人;二是法人;三是非法人组织。

3. 民事权利

保护民事权利是民事立法的重要任务。

4. 民事法律行为和代理

民事法律行为是民事主体通过意思表示设立、变更、终止民事法律关系的行为,代理是民事主体通过代理人实施民事法律行为的制度。

5. 民事责任、诉讼时效和期间计算

民事责任是民事主体违反民事义务的法律后果,是保障和维护民事权利的重要制度。诉讼时效是权利人在法定期间内不行使权利,即在某种程度上丧失请求利益的法律制度,其功能主要是促使权利人及时行使权利、维护交易安全、稳定法律秩序。

民法所谓的期间按照公历年、月、日、小时计算。

(二)物权编

物权是民事主体依法享有的重要财产权。物权法律制度调整因物的归属和利用而产生的民事关系,是最重要的民事基本制度之一。

1. 通则

通则规定了物权制度基础性规范,包括平等保护等物权基本原则,物权变动的具体规则,以及物权保护制度。

2. 所有权

所有权是物权的基础,是所有人对自己的不动产或者动产,依法享有占有、使用、收益和处分的权利。规定了所有权制度,包括所有权人的权利,征收和征用规则,国家、集体和私人的所有权,相邻关系、共有等所有权基本制度。

3. 用益物权

用益物权是指权利人依法对他人的物享有占有、使用和收益的权利。合同编规定了用益物权制度,明确了用益物权人的基本权利和义务,以及建设用地使用权、宅基地使用权、地役权等用益物权。

4. 担保物权

担保物权是指为了确保债务履行而设立的物权,包括抵押权、质权和留置权。对担保物权作了规定,明确了担保物权的含义、适用范围、担保范围等共同规则,以及抵押权、质权和留置权的具体规则。

5. 占有

占有是指对不动产或者动产事实上的控制与支配。对占有的调整范围、无权占有情形下的损害赔偿责任、原物及孳息的返还以及占有保护等作了规定。

(三) 合同编

合同制度是社会主义市场经济的基本法律制度。1999 年第九届全国人民代表大会第二次会议通过了《中华人民共和国合同法》。民法典第三编"合同"则是在《中华人民共和国合同法》的基础上,贯彻全面深化改革的精神,坚持维护契约、平等交换、公平竞争,促进商品和要素自由流动,完善合同制度。随着民法典的施行,《中华人民共和国合同法》同时废止。

1. 通则

通则规定了合同的订立、效力、履行、保全、转让、终止、违约责任等一般性规则,并在现行合同法的基础上,完善了合同总则制度。

2. 典型合同

典型合同在社会主义市场经济活动和社会生活中应用普遍。

3. 准合同

无因管理和不当得利既与合同规则同属债法性质的内容,又与合同规则有所区别,第三分编"准合同"分别对无因管理和不当得利的一般性规则作了规定。

(四) 人格权编

人格权是民事主体对其特定的人格利益享有的权利,关系到每个人的人格尊严,是民事主体最基本的权利之一。"人格权"从民事法律规范的角度规定自然人和其他民事主体人格权的内容、边界和保护方式,不涉及公民政治、社会等方面权利。

1. 一般规定

规定了人格权的一般性规则:一是明确了人格权的定义。二是规定了民事主体的人格权受法律保护,人格权不得放弃、转让或者继承。三是规定了对死者人格利益的保护。四是明确规定了人格权受到侵害后的救助方式。

2. 生命权、身体权和健康权

规定了生命权、身体权和健康权的具体内容,并对实践中社会比较关注的有关问题作了有针对性的规定。

3. 姓名权和名称权

规定了姓名权、名称权的具体内容,并对民事主体尊重保护他人姓名权、名称权的基本义务作了规定。

4. 肖像权

规定了肖像权的权利内容及许可使用肖像的规则,明确禁止侵害他人的肖像权。

5. 名誉权和荣誉权

规定了名誉权和荣誉权的内容。

6. 隐私权和个人信息保护

进一步强化了对隐私权和个人信息的保护,并为下一步制定个人信息保护法留下空间。

(五)婚姻家庭编

婚姻家庭制度是规范夫妻关系和家庭关系的基本准则。1980年第五届全国人民代表大会第三次会议通过了《中华人民共和国婚姻法》,2001年进行了修改。1991年第七届全国人民代表大会常务委员会第二十三次会议通过了《中华人民共和国收养法》,1998年作了修改。随着民法典的施行,《中华人民共和国婚姻法》和《中华人民共和国收养法》同时废止。

1. 一般规定

重申了婚姻自由、一夫一妻、男女平等等婚姻家庭领域的基本原则和规则。

2. 结婚

规定了结婚制度。

3. 家庭关系

规定了夫妻关系、父母子女关系和其他近亲属关系。

4. 离婚

对离婚制度作出了规定,并在现行《中华人民共和国婚姻法》的基础上,作了进一步完善:增加离婚冷静期制度。

5. 收养

对收养关系的成立、收养的效力、收养关系的解除作了规定,并在现行《中华人民共和国收养法》的基础上,进一步完善了有关制度。

（六）继承编

继承制度是关于自然人死亡后财富传承的基本制度。1985年第六届全国人民代表大会第三次会议通过了《中华人民共和国继承法》。随着人民群众生活水平的不断提高，个人和家庭拥有的财产日益增多，因继承引发的纠纷也越来越多。根据我国社会家庭结构、继承观念等方面的发展变化，民法典在现行《中华人民共和国继承法》的基础上，修改完善了继承制度，以满足人民群众处理遗产的现实需要。随着民法典的施行，《中华人民共和国继承法》同时废止。

1. 一般规定

规定了继承制度的基本规则，重申了国家保护自然人的继承权，规定了继承的基本制度。

2. 法定继承

法定继承是在被继承人没有对其遗产的处理立有遗嘱的情况下，继承人的范围、继承顺序等均按照法律规定确定的继承方式。规定了法定继承制度，明确了继承权男女平等原则，规定了法定继承人的顺序和范围，以及遗产分配的基本制度。

3. 遗嘱继承和遗赠

遗嘱继承是根据被继承人生前所立遗嘱处理遗产的继承方式。规定了遗嘱继承和遗赠制度。

4. 遗产的处理

规定了遗产处理的程序和规则。

（七）侵权责任编

侵权责任是民事主体侵害他人权益应当承担的法律后果。2009年第十一届全国人民代表大会常务委员会第十二次会议通过了《中华人民共和国侵权责任法》。《中华人民共和国侵权责任法》实施以来，在保护民事主体的合法权益、预防和制裁侵权行为方面发挥了重要作用。民法典在总结实践经验的基础上，针对侵权领域出现的新情况，吸收借鉴司法解释的有关规定，对侵权责任制度作了必要的补充和完善。随着民法典的施行，《中华人民共和国侵权责任法》同时废止。

1. 一般规定

规定了侵权责任的归责原则、多数人侵权的责任承担、侵权责任的减轻或者免除等一般规则。

2. 损害赔偿

规定了侵害人身权益和财产权益的赔偿规则、精神损害赔偿规则等。

3. 责任主体的特殊规定

规定了无民事行为能力人、限制民事行为能力人及其监护人的侵权责任，用人单位的侵权责任，网络侵权责任，以及公共场所的安全保障义务等。

4. 各种具体侵权责任

分别对产品生产销售、机动车交通事故、医疗、环境污染和生态破坏、高度危险、饲养动物、建筑物和物件等领域的侵权责任规则作出了具体规定。

(八) 附则

《中华人民共和国民法典》自2021年1月1日起施行。《中华人民共和国婚姻法》《中华人民共和国继承法》《中华人民共和国民法通则》《中华人民共和国收养法》《中华人民共和国担保法》《中华人民共和国合同法》《中华人民共和国物权法》《中华人民共和国侵权责任法》《中华人民共和国民法总则》同时废止。

想一想

《中华人民共和国民法典》共几编、几条,各编依次是什么?

三、民法典总则之基本规定

为了保护民事主体的合法权益,调整民事关系,维护社会和经济秩序,适应中国特色社会主义发展要求,弘扬社会主义核心价值观,根据宪法,制定民法典。

民法调整平等主体的自然人、法人和非法人组织之间的人身关系和财产关系。

处理民事纠纷,应当依照法律;法律没有规定的,可以适用习惯,但是不得违背公序良俗。

其他法律对民事关系有特别规定的,依照其规定。

中华人民共和国领域范围内的民事活动,适用中华人民共和国法律。法律另有规定的,依照其规定。

小知识

平等主体是指当事人参加民事活动时的法律地位是平等的,不存在命令与服从的关系。民法调整平等主体之间的关系,是它区别于刑法、行政法等其他法律部门的重要标志。

财产关系是指人们在占有、支配、交换和分配物质财富过程中所形成的具有经济内容的社会关系。平等主体间的经济关系建立在自愿的基础上,且大多是自愿有偿的。

人身关系是指与人身不可分离而以特定精神利益为内容的社会关系。它基于一定的人格和身份而产生,不具有直接经济内容。

民事主体又称"民事法律关系主体"。参加民事法律关系,享受权利和承担义务的人,即民事法律关系的当事人。民事主体的资格由法律规定,在中国能够作为民事主体的有自然人、法人和非法人组织。国家是民事法律关系的特殊主体,在一定情况下,需要国家直接参加民事活动时,国家以民事主体的资格参加民事法律关系,如发行公债、享有财产所有权、接受赠与、对外以政府名义签订贸易协定等。在民事法律关系中享有权利的一方称权利主体,承担义务的一方称义务主体。通常,民事主体既是权利主体,也是义务主体。

民法典对各种民事权利、民事责任作出了规定,是我国民事活动的基本准则。

(一) 保护民事主体的合法权益的原则

民事主体的人身权利、财产权利以及其他合法权益受法律保护,任何组织或者个人不得侵犯。

(二) 平等原则

民事主体在民事活动中的法律地位一律平等。他们享有的民事权利和所承担的民事义务平等。

(三) 自愿、公平、诚信的原则

民事主体从事民事活动,应当遵循自愿原则,按照自己的意思设立、变更、终止民事法律关系。

民事主体从事民事活动,应当遵循公平原则,合理确定各方的权利和义务。

民事主体从事民事活动,应当遵循诚信原则,秉持诚实,恪守承诺。

自愿是指民事关系是否设立、变更或终止,民事关系的内容如何确定,均由当事人独立自主决定,不受他人的强制命令或胁迫。

公平是指民事活动和民事司法活动都要公道合理,不能显失公平。不允许民事法律关系的任何一方享有特权。

诚信是指当事人在民事活动中应从善意出发,实事求是、真诚老实、信守诺言,自觉地履行约定的义务,正当地行使自己的权利。

(四) 遵守法律、公序良俗原则

民事主体从事民事活动,不得违反法律,不得违背公序良俗。

(五) 绿色原则

民事主体从事民事活动,应当有利于节约资源、保护生态环境。

> **小知识**
>
> 公序良俗,即公共秩序与善良风俗的简称。所谓公序,即社会一般利益,包括国家利益、社会经济秩序和社会公共利益。所谓良俗,即一般道德观念或良好道德风尚,包括社会公德、商业道德和社会良好风尚。
>
> 公序良俗是法国、日本、意大利等大陆法系国家使用的概念。
>
> 公序良俗原则在司法实践中应用非常广泛,在民事审判中具有重要意义。民法典之所以需要规定公序良俗原则,是因为立法当时不可能预见一切损害国家利益、社会公益和社会道德秩序的行为而作出详尽的禁止性规定,故设立公序良俗原则,以弥补禁止性规定之不足。公序良俗原则包含了法官自由裁量的因素,具有极大的灵活性,因而能处理现代市场经济中发生的各种新问题,在确保国家一般利益、社会道德秩序,以及协调各种利益冲突、保护弱者、维护社

会正义等方面发挥极为重要的机能。当遇有损害国家利益、社会公益和社会道德秩序的行为，而又缺乏相应的禁止性法律规定时，法院可直接依据公序良俗原则认定该行为无效。

公序良俗原则基本理论依据是："法无明文禁止即可为"和"权利不可滥用"的辩证统一性。"法无明文禁止即可为"意味着民事主体在不违背强制性法律规则和法律不禁止的条件下，可自愿选择满足或有利于自身利益的行为。"权利不可滥用"意味着行使民事主体权利时，其行为应符合善良风俗习惯，并不损害政治国家和市民社会一般的公共秩序要求。尤其是在法律不足以评价主体行为时，公序良俗原则可以限制民事主体的意思自治及权利滥用。

四、民事主体

在民事活动中，参加民事法律关系享受民事权利、承担民事义务的人，即民事法律关系的当事人是民事主体。民法典规定能够作为民事主体的有自然人、法人和非法人组织。国家是民事法律关系的特殊主体，在一定情况下，需要国家直接参加民事活动时，国家以民事主体的资格参加民事法律关系，如发行公债、享有财产所有权、接受赠与、对外以政府名义签订贸易协定等。在民事法律关系中享有权利的一方称权利主体，承担义务的一方称义务主体。通常，民事主体既是权利主体，也是义务主体。

（一）自然人

1. 民事权利能力和民事行为能力

自然人从出生时起到死亡时止，具有民事权利能力，依法享有民事权利，承担民事义务。

自然人的民事权利能力是指自然人享有民事权利、承担民事义务的资格。自然人的民事权利能力一律平等。

自然人的民事行为能力是指自然人通过自己的行为行使民事权利或履行民事义务的能力。自然人的民事行为能力，不仅包括做出合法行为的能力，而且也包括对其违法行为应承担民事责任的能力。

自然人的出生时间和死亡时间，以出生证明、死亡证明记载的时间为准；没有出生证明、死亡证明的，以户籍登记或者其他有效身份登记记载的时间为准。有其他证据足以推翻以上记载时间的，以该证据证明的时间为准。

涉及遗产继承、接受赠与等胎儿利益保护的，胎儿视为具有民事权利能力。但是，胎儿娩出时为死体的，其民事权利能力自始不存在。

民法典以我国公民的认识能力和判断能力为依据，以年龄、智力和精神健康状况为条件，将自然人分为完全民事行为能力人、限制民事行为能力人和无民事行为能力人。

（1）完全民事行为能力人

十八周岁以上的自然人为成年人。成年人为完全民事行为能力人，可以独立实施民事法律行为。十六周岁以上的未成年人，以自己的劳动收入为主要生活来源的，视为完全民事行为能力人。

(2)限制民事行为能力人

不满十八周岁的自然人为未成年人。八周岁以上的未成年人为限制民事行为能力人,实施民事法律行为由其法定代理人代理或者经其法定代理人同意、追认;但是,可以独立实施纯获利益的民事法律行为或者与其年龄、智力相适应的民事法律行为。

(3)无民事行为能力人

不满八周岁的未成年人为无民事行为能力人,由其法定代理人代理实施民事法律行为。

不能辨认自己行为的成年人、八周岁以上的未成年人不能辨认自己行为的为无民事行为能力人,由其法定代理人代理实施民事法律行为。

不能完全辨认自己行为的成年人为限制民事行为能力人,实施民事法律行为由其法定代理人代理或者经其法定代理人同意、追认;但是,可以独立实施纯获利益的民事法律行为或者与其智力、精神健康状况相适应的民事法律行为。

无民事行为能力人、限制民事行为能力人的监护人是其法定代理人。

不能辨认或者不能完全辨认自己行为的成年人,其利害关系人或者有关组织,可以向人民法院申请认定该成年人为无民事行为能力人或者限制民事行为能力人。

被人民法院认定为无民事行为能力人或者限制民事行为能力人的,经本人、利害关系人或者有关组织申请,人民法院可以根据其智力、精神健康恢复的状况,认定该成年人恢复为限制民事行为能力人或者完全民事行为能力人。有关组织包括:居民委员会、村民委员会、学校、医疗机构、妇女联合会、残疾人联合会、依法设立的老年人组织、民政部门等。

想一想

自然人按其民事行为能力分为完全民事行为能力人、限制民事行为能力人和无民事行为能力人。一个6岁、8岁、10岁、12岁、14岁、16岁、18岁、20岁的自然人是属于哪种人?

2. 监护

父母对未成年子女负有抚养、教育和保护的义务。

成年子女对父母负有赡养、扶助和保护的义务。

父母是未成年子女的监护人。

未成年人的父母已经死亡或者没有监护能力的,由下列有监护能力的人按顺序担任监护人:

(1)祖父母、外祖父母。

(2)兄、姐。

(3)其他愿意担任监护人的个人或者组织,但是须经未成年人住所地的居民委员会、村民委员会或者民政部门同意。

无民事行为能力或者限制民事行为能力的成年人,由下列有监护能力的人按顺序担任监护人:

(1)配偶。

(2)父母、子女。

(3)其他近亲属。
(4)其他愿意担任监护人的个人或者组织,但是须经被监护人住所地的居民委员会、村民委员会或者民政部门同意。

3. 个体工商户和农村承包经营户

自然人从事工商业经营,经依法登记,为个体工商户。个体工商户可以起字号。

农村集体经济组织的成员,依法取得农村土地承包经营权,从事家庭承包经营的,为农村承包经营户。

(二) 法人

法人是具有民事权利能力和民事行为能力,依法独立享有民事权利和承担民事义务的组织。法人的民事权利能力和民事行为能力,从法人成立时产生,到法人终止时消灭。

1. 应当具备的条件

法人应当具备下列条件:
(1)依法成立。
(2)有自己的名称、组织机构、住所、财产或者经费。

法人以其全部财产独立承担民事责任。

依照法律或者法人章程的规定,代表法人从事民事活动的负责人,为法人的法定代表人。法定代表人以法人名义从事的民事活动,其法律后果由法人承受。法人章程或者法人权力机构对法定代表人代表权的限制,不得对抗善意相对人。法定代表人因执行职务造成他人损害的,由法人承担民事责任。

法人以其主要办事机构所在地为住所。依法需要办理法人登记的,应当将主要办事机构所在地登记为住所。

2. 法人的终止

有下列原因之一并依法完成清算、注销登记的,法人终止:
(1)法人解散。
(2)法人被宣告破产。
(3)法律规定的其他原因。

法人终止,法律、行政法规规定须经有关机关批准的,依照其规定。

3. 法人的解散

有下列情形之一的,法人解散:
(1)法人章程规定的存续期间届满或者法人章程规定的其他解散事由出现。
(2)法人的权力机构决议解散。
(3)因法人合并或者分立需要解散。
(4)法人依法被吊销营业执照、登记证书,被责令关闭或者被撤销。
(5)法律规定的其他情形。

法人解散的,除合并或者分立的情形外,清算义务人应当及时组成清算组进行清算。

法人的董事、理事等执行机构或者决策机构的成员为清算义务人。法律、行政法规另有规定的,依照其规定。

清算结束并完成法人注销登记时,法人终止;依法不需要办理法人登记的,清算结束时,法人终止。

法人被宣告破产的,依法进行破产清算并完成法人注销登记时,法人终止。

4. 营利法人

以取得利润并分配给股东等出资人为目的成立的法人,为营利法人。

营利法人包括有限责任公司、股份有限公司和其他企业法人等。营利法人经依法登记成立。

依法设立的营利法人,由登记机关发给营利法人营业执照。营业执照签发日期为营利法人的成立日期。

营利法人从事经营活动,应当遵守商业道德,维护交易安全,接受政府和社会的监督,承担社会责任。

5. 非营利法人

为公益目的或者其他非营利目的成立,不向出资人、设立人或者会员分配所取得利润的法人,为非营利法人。非营利法人包括事业单位、社会团体、基金会、社会服务机构等。

6. 特别法人

机关法人、农村集体经济组织法人、城镇农村的合作经济组织法人、基层群众性自治组织法人,为特别法人。

7. 非法人组织

非法人组织是不具有法人资格,但是能够依法以自己的名义从事民事活动的组织。非法人组织包括个人独资企业、合伙企业、不具有法人资格的专业服务机构等。

五、民事权利

民事权利,是指自然人、法人或其他组织在民事法律关系中所享有的具体权益。民法典规定:"自然人的人身自由、人格尊严受法律保护。"

自然人享有生命权、身体权、健康权、姓名权、肖像权、名誉权、荣誉权、隐私权、婚姻自主权等权利。法人、非法人组织享有名称权、名誉权和荣誉权。

自然人的个人信息受法律保护。任何组织或者个人需要获取他人个人信息的,应当依法取得并确保信息安全,不得非法收集、使用、加工、传输他人个人信息,不得非法买卖、提供或者公开他人个人信息。

自然人因婚姻家庭关系等产生的人身权利受法律保护。民事主体的财产权利受法律平等保护。

(一) 物权

民事主体依法享有物权。

物权是权利人依法对特定的物享有直接支配和排他的权利,包括所有权、用益物权和担保物权。

物包括不动产和动产。法律规定权利作为物权客体的,依照其规定。

物权的种类和内容,由法律规定。

为了公共利益的需要,依照法律规定的权限和程序征收、征用不动产或者动产的,应当给予公平、合理的补偿。

(二)债权

民事主体依法享有债权。

债权是因合同、侵权行为、无因管理、不当得利以及法律的其他规定,权利人请求特定义务人为或者不为一定行为的权利。依法成立的合同,对当事人具有法律约束力。

民事权益受到侵害的,被侵权人有权请求侵权人承担侵权责任。没有法定的或者约定的义务,为避免他人利益受损失而进行管理的人,有权请求受益人偿还由此支出的必要费用。因他人没有法律根据,取得不当利益,受损失的人有权请求其返还不当利益。

(三)知识产权

民事主体依法享有知识产权。

知识产权是权利人依法就下列客体享有的专有的权利:

(1)作品。
(2)发明、实用新型、外观设计。
(3)商标。
(4)地理标志。
(5)商业秘密。
(6)集成电路布图设计。
(7)植物新品种。
(8)法律规定的其他客体。

(四)继承权

自然人依法享有继承权。自然人合法的私有财产,可以依法继承。民事主体依法享有股权和其他投资性权利。民事主体享有法律规定的其他民事权利和利益。法律对数据、网络虚拟财产的保护有规定的,依照其规定。

(五)其他规定

法律对未成年人、老年人、残疾人、妇女、消费者等的民事权利保护有特别规定的,依照其规定。民事权利可以依据民事法律行为、事实行为、法律规定的事件或者法律规定的其他方式取得。民事主体按照自己的意愿依法行使民事权利,不受干涉。民事主体行使权利时,应当履行法律规定的和当事人约定的义务。

民事主体不得滥用民事权利损害国家利益、社会公共利益或者他人合法权益。

六、民事法律行为

(一)一般规定

民事法律行为是民事主体通过意思表示设立、变更、终止民事法律关系的行为。

民事法律行为可以基于双方或者多方的意思表示一致成立,也可以基于单方的意思表示成立。

法人、非法人组织依照法律或者章程规定的议事方式和表决程序作出决议的,该决议行为成立。

民事法律行为可以采用书面形式、口头形式或者其他形式;法律、行政法规规定或者当事人约定采用特定形式的,应当采用特定形式。

民事法律行为自成立时生效,但是法律另有规定或者当事人另有约定的除外。

行为人非依法律规定或者未经对方同意,不得擅自变更或者解除民事法律行为。

(二)意思表示

以对话方式作出的意思表示,相对人知道其内容时生效。

以非对话方式作出的意思表示,到达相对人时生效。以非对话方式作出的采用数据电文形式的意思表示,相对人指定特定系统接收数据电文的,该数据电文进入该特定系统时生效;未指定特定系统的,相对人知道或者应当知道该数据电文进入其系统时生效。当事人对采用数据电文形式的意思表示的生效时间另有约定的,按照其约定。

无相对人的意思表示,表示完成时生效。法律另有规定的,依照其规定。

以公告方式作出的意思表示,公告发布时生效。

行为人可以明示或者默示作出意思表示。

沉默只有在有法律规定、当事人约定或者符合当事人之间的交易习惯时,才可以视为意思表示。

行为人可以撤回意思表示。撤回意思表示的通知应当在意思表示到达相对人前或者与意思表示同时到达相对人。

有相对人的意思表示的解释,应当按照所使用的词句,结合相关条款、行为的性质和目的、习惯以及诚信原则,确定意思表示的含义。

无相对人的意思表示的解释,不能完全拘泥于所使用的词句,而应当结合相关条款、行为的性质和目的、习惯以及诚信原则,确定行为人的真实意思。

(三)民事法律行为的效力

1. 具备下列条件的民事法律行为有效

(1)行为人具有相应的民事行为能力。

(2)意思表示真实。

(3)不违反法律、行政法规的强制性规定,不违背公序良俗。

无民事行为能力人实施的民事法律行为无效。

限制民事行为能力人实施的纯获利益的民事法律行为或者与其年龄、智力、精神健康状况相适应的民事法律行为有效;实施的其他民事法律行为经法定代理人同意或者追认后有效。

相对人可以催告法定代理人自收到通知之日起三十日内予以追认。法定代理人未作表示的,视为拒绝追认。民事法律行为被追认前,善意相对人有撤销的权利。撤销应当以通知的方式作出。

行为人与相对人以虚假的意思表示实施的民事法律行为无效。

以虚假的意思表示隐藏的民事法律行为的效力,依照有关法律规定处理。

基于重大误解实施的民事法律行为,行为人有权请求人民法院或者仲裁机构予以撤销。

一方以欺诈手段,使对方在违背真实意思的情况下实施的民事法律行为,受欺诈方有权请求人民法院或者仲裁机构予以撤销。

第三人实施欺诈行为,使一方在违背真实意思的情况下实施的民事法律行为,对方知道或者应当知道该欺诈行为的,受欺诈方有权请求人民法院或者仲裁机构予以撤销。

一方或者第三人以胁迫手段,使对方在违背真实意思的情况下实施的民事法律行为,受胁迫方有权请求人民法院或者仲裁机构予以撤销。

一方利用对方处于危困状态、缺乏判断能力等情形,致使民事法律行为成立时显失公平的,受损害方有权请求人民法院或者仲裁机构予以撤销。

2.有下列情形之一的,撤销权消灭

(1)当事人自知道或者应当知道撤销事由之日起一年内、重大误解的当事人自知道或者应当知道撤销事由之日起九十日内没有行使撤销权。

(2)当事人受胁迫,自胁迫行为终止之日起一年内没有行使撤销权。

(3)当事人知道撤销事由后明确表示或者以自己的行为表明放弃撤销权。

当事人自民事法律行为发生之日起五年内没有行使撤销权的,撤销权消灭。

违反法律、行政法规的强制性规定的民事法律行为无效。但是,该强制性规定不导致该民事法律行为无效的除外。

违背公序良俗的民事法律行为无效。

行为人与相对人恶意串通,损害他人合法权益的民事法律行为无效。

无效的或者被撤销的民事法律行为自始没有法律约束力。

民事法律行为部分无效,不影响其他部分效力的,其他部分仍然有效。

民事法律行为无效、被撤销或者确定不发生效力后,行为人因该行为取得的财产,应当予以返还;不能返还或者没有必要返还的,应当折价补偿。有过错的一方应当赔偿对方由此所受到的损失;各方都有过错的,应当各自承担相应的责任。法律另有规定的,依照其规定。

七、代理

(一)一般规定

民事主体可以通过代理人实施民事法律行为。依照法律规定、当事人约定或者民事法律行为的性质,应当由本人亲自实施的民事法律行为,不得代理。

代理人在代理权限内,以被代理人名义实施的民事法律行为,对被代理人发生效力。

代理包括委托代理和法定代理。

委托代理人按照被代理人的委托行使代理权。法定代理人依照法律的规定行使代理权。

代理人不履行或者不完全履行职责,造成被代理人损害的,应当承担民事责任。

代理人和相对人恶意串通,损害被代理人合法权益的,代理人和相对人应当承担连带责任。

(二)委托代理

委托代理授权采用书面形式的,授权委托书应当载明代理人的姓名或者名称、代理事项、权限和期限,并由被代理人签名或者盖章。

数人为同一代理事项的代理人的,应当共同行使代理权,但是当事人另有约定的除外。

代理人知道或者应当知道代理事项违法仍然实施代理行为,或者被代理人知道或者应当知道代理人的代理行为违法未作反对表示的,被代理人和代理人应承担连带责任。

代理人不得以被代理人的名义与自己实施民事法律行为,但是被代理人同意或者追认的除外。

代理人不得以被代理人的名义与自己同时代理的其他人实施民事法律行为,但是被代理的双方同意或者追认的除外。

代理人需要转委托第三人代理的,应当取得被代理人的同意或者追认。

(三)代理终止

1. 有下列情形之一的,委托代理终止

(1)代理期限届满或者代理事务完成。

(2)被代理人取消委托或者代理人辞去委托。

(3)代理人丧失民事行为能力。

(4)代理人或者被代理人死亡。

(5)作为代理人或者被代理人的法人、非法人组织终止。

2. 被代理人死亡后,有下列情形之一的,委托代理人实施的代理行为有效

(1)代理人不知道且不应当知道被代理人死亡。

(2)被代理人的继承人予以承认。

(3)授权中明确代理权在代理事务完成时终止。

(4)被代理人死亡前已经实施,为了被代理人的继承人的利益继续代理。

3. 有下列情形之一的,法定代理终止

(1)被代理人取得或者恢复完全民事行为能力。

(2)代理人丧失民事行为能力。

(3)代理人或者被代理人死亡。

(4)法律规定的其他情形。

八、民事责任及承担民事责任的方式

民事主体依照法律规定或者按照当事人约定,履行民事义务,承担民事责任。

二人以上依法按份承担责任,能够确定责任大小的,各自承担相应的责任;难以确定责任大小的,平均承担责任。

二人以上依法承担连带责任的,权利人有权请求部分或者全部连带责任人承担责任。

连带责任人的责任份额根据各自责任大小确定;难以确定责任大小的,平均承担责任。实际承担责任超过自己责任份额的连带责任人,有权向其他连带责任人追偿。连带责任,由法律规定或者当事人约定。

承担民事责任的方式主要有:

(1)停止侵害。
(2)排除妨碍。
(3)消除危险。
(4)返还财产。
(5)恢复原状。
(6)修理、重作、更换。
(7)继续履行。
(8)赔偿损失。
(9)支付违约金。
(10)消除影响、恢复名誉。
(11)赔礼道歉。

法律规定惩罚性赔偿的,依照其规定。

以上规定的承担民事责任的方式,可以单独适用,也可以合并适用。

因不可抗力不能履行民事义务的,不承担民事责任。法律另有规定的,依照其规定。

因正当防卫造成损害的,不承担民事责任。正当防卫超过必要限度,造成不应有的损害的,正当防卫人应当承担适当的民事责任。

因紧急避险造成损害的,由引起险情发生的人承担民事责任。危险由自然原因引起的,紧急避险人不承担民事责任,可以给予适当补偿。紧急避险采取措施不当或者超过必要的限度,造成不应有的损害的,紧急避险人应当承担适当的民事责任。

因保护他人民事权益使自己受到损害的,由侵权人承担民事责任,受益人可以给予适当补偿。没有侵权人、侵权人逃逸或者无力承担民事责任,受害人请求补偿的,受益人应当给予适当补偿。因自愿实施紧急救助行为造成受助人损害的,救助人不承担民事责任。

侵害英雄烈士等的姓名、肖像、名誉、荣誉,损害社会公共利益的,应当承担民事责任。

因当事人一方的违约行为,损害对方人身权益、财产权益的,受损害方有权选择请求其承担违约责任或者侵权责任。

民事主体因同一行为应当承担民事责任、行政责任和刑事责任的,承担行政责任或者刑事责任不影响承担民事责任;民事主体的财产不足以支付的,优先用于承担民事责任。

小知识

不可抗力是不能预见、不能避免且不能克服的客观情况。不可抗力主要包括以下几种情形：①自然灾害，如台风、冰雹、地震、海啸、洪水、火山爆发、山体滑坡；②政府行为，如征收、征用；③社会异常事件，如战争、武装冲突、罢工、骚乱、暴动等。不可抗力条款是一种免责条款，即免除由于不可抗力事件而违约的一方的违约责任。一般应规定的内容包括：不可抗力事件的范围、事件发生后通知对方的期限、出具证明文件的机构以及不可抗力事件的后果。

九、诉讼时效

向人民法院请求保护民事权利的诉讼时效期间为三年。法律另有规定的，依照其规定。

诉讼时效期间自权利人知道或者应当知道权利受到损害以及义务人之日起计算。法律另有规定的，依照其规定。但是，自权利受到损害之日起超过二十年的，人民法院不予保护，有特殊情况的，人民法院可以根据权利人的申请决定延长。

当事人约定同一债务分期履行的，诉讼时效期间自最后一期履行期限届满之日起计算。

无民事行为能力人或者限制民事行为能力人对其法定代理人的请求权的诉讼时效期间，自该法定代理终止之日起计算。

未成年人遭受性侵害的损害赔偿请求权的诉讼时效期间，自受害人年满十八周岁之日起计算。

诉讼时效期间届满的，义务人可以提出不履行义务的抗辩。

诉讼时效期间届满后，义务人同意履行的，不得以诉讼时效期间届满为由抗辩；义务人已经自愿履行的，不得请求返还。

十、期间计算

民法所称的期间按照公历年、月、日、小时计算。

按照年、月、日计算期间的，开始的当日不计入，自下一日开始计算。

按照小时计算期间的，自法律规定或者当事人约定的时间开始计算。

按照年、月计算期间的，到期月的对应日为期间的最后一日；没有对应日的，月末日为期间的最后一日。

期间的最后一日是法定休假日的，以法定休假日结束的次日为期间的最后一日。

期间的最后一日的截止时间为二十四时；有业务时间的，停止业务活动的时间为截止时间。

期间的计算方法依照本法❶的规定，但是法律另有规定或者当事人另有约定的除外。

---

❶ 本法在本单元指《中华人民共和国民法典》。

想一想

向人民法院请求保护民事权利的诉讼时效期间为几年？

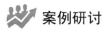 **案例研讨**

案例 1-5：自然人和法人的民事权利能力

案例描述：读小学的张某在市教委组织的儿童绘画比赛中获得了一等奖，市教委下属的一家美术杂志社闻讯后即来信表示，将出一期儿童作品专刊，希望张某能寄来几幅作品供杂志社挑选。张某的父亲收信后，给杂志社寄去了四幅作品，但之后一直没有回音。第二年六月，张某的父亲在该杂志社的期刊上发现有张某的两幅作品，但没有给张某署名，便立即找到杂志社，质问为何不通知他作品已被选用，而且既不支付稿酬，也不署名。然而该杂志社称，张某年仅八岁，还是未成年人，还不能享有著作权，因此没必要署名。杂志社发表张某的作品，是教委对其成绩的肯定，没有必要支付稿酬。

请思考：

（1）根据民法典，张某是否有署名的权利和获得报酬的权利？

（2）杂志社发表张某作品的行为是否为教委对张某成绩的肯定？

案例 1-6：民事行为能力与民事法律关系

案例描述：张某，16岁。一天，她到商场珠宝柜台以3000元购买了项链，她父母认为她尚未成年，没有经家长同意不能进行大数额的买卖行为，要求商场退货。而张某提出她是靠做临时工自食其力的社会青年，她表示不愿意退货。

请思考：

（1）根据民法典规定，张某的买卖行为是否有效？

（2）其父母要求公司退款是否符合法律规定？

单元三 《中华人民共和国刑法》概述

刑法是规定犯罪、刑事责任和刑罚的法律。

2020年12月26日，第十三届全国人民代表大会常务委员会第二十四次会议通过《中华人民共和国刑法修正案（十一）》，修改后的刑法自2021年3月1日起施行。

一、刑法的立法目的

为了惩罚犯罪，保护人民，根据宪法，结合我国同犯罪作斗争的具体经验及实际情况，制定本法❶。

---

❶ 本法在本单元指《中华人民共和国刑法》。

二、刑法的任务

中华人民共和国刑法的任务,是用刑罚同一切犯罪行为作斗争,以保卫国家安全,保卫人民民主专政的政权和社会主义制度,保护国有财产和劳动群众集体所有的财产,保护公民私人所有的财产,保护公民的人身权利、民主权利和其他权利,维护社会秩序、经济秩序,保障社会主义建设事业的顺利进行。

三、刑法的基本原则

(一) 罪刑法定

法律明文规定为犯罪行为的,依照法律定罪处刑;法律没有明文规定为犯罪行为的,不得定罪处刑。

(二) 法律面前人人平等

对任何人犯罪,在适用法律上一律平等。不允许任何人有超越法律的特权。

(三) 罪责刑相适应

刑罚的轻重,应当与犯罪分子所犯罪行和承担的刑事责任相适应。

四、刑法的适用范围

(一) 属地管辖权

凡在中华人民共和国领域内犯罪的,除法律有特别规定的以外,都适用本法。

凡在中华人民共和国船舶或者航空器内犯罪的,也适用本法。

犯罪的行为或者结果有一项发生在中华人民共和国领域内的,就认为是在中华人民共和国领域内犯罪。

(二) 属人管辖权

中华人民共和国公民在中华人民共和国领域外犯本法规定之罪的,适用本法,但是按本法规定的最高刑为三年以下有期徒刑的,可以不予追究。

中华人民共和国国家工作人员和军人在中华人民共和国领域外犯本法规定之罪的,适用本法。

(三) 保护管辖权

外国人在中华人民共和国领域外对中华人民共和国国家或者公民犯罪,而按本法规定的最低刑为三年以上有期徒刑的,可以适用本法,但是按照犯罪地的法律不受处罚的除外。

(四)普遍管辖权

对于中华人民共和国缔结或者参加的国际条约所规定的罪行,中华人民共和国在所承担条约义务的范围内行使刑事管辖权的,适用本法。

五、犯罪和刑事责任

(一)犯罪

1. 犯罪的概念

一切危害国家主权、领土完整和安全,分裂国家、颠覆人民民主专政的政权和推翻社会主义制度,破坏社会秩序和经济秩序,侵犯国有财产或者劳动群众集体所有的财产,侵犯公民私人所有的财产,侵犯公民的人身权利、民主权利和其他权利,以及其他危害社会的行为,依照法律应当受刑罚处罚的,都是犯罪,但是情节显著轻微危害不大的,不认为是犯罪。

2. 故意犯罪

明知自己的行为会发生危害社会的结果,并且希望或者放任这种结果发生,因而构成犯罪的,是故意犯罪。

故意犯罪,应当负刑事责任。

3. 过失犯罪

应当预见自己的行为可能发生危害社会的结果,因为疏忽大意而没有预见,或者已经预见而轻信能够避免,以致发生这种结果的,是过失犯罪。

过失犯罪,法律有规定的才负刑事责任。

4. 不可抗力和意外事件

行为在客观上虽然造成了损害结果,但是不是出于故意或者过失,而是由于不能抗拒或者不能预见的原因所引起的,不是犯罪。

(二)刑事责任年龄

已满十六周岁的人犯罪,应当负刑事责任。

已满十四周岁不满十六周岁的人,犯故意杀人、故意伤害致人重伤或者死亡、强奸、抢劫、贩卖毒品、放火、爆炸、投毒罪的,应当负刑事责任。

已满十二周岁不满十四周岁的人,犯故意杀人、故意伤害罪,致人死亡或者以特别残忍手段致人重伤造成严重残疾,情节恶劣,经最高人民检察院核准追诉的,应当负刑事责任。

对依照前三款规定追究刑事责任的不满十八周岁的人,应当从轻或者减轻处罚。

因不满十六周岁不予刑事处罚的,责令其父母或者其他监护人加以管教;在必要的时候,依法进行专门矫治教育。

(三)特殊人员的刑事责任能力

精神病人在不能辨认或者不能控制自己行为的时候造成危害结果,经法定程序鉴定确认的,不负刑事责任,但是应当责令他的家属或者监护人严加看管和医疗;在必要的时候,由政府强制医疗。

间歇性的精神病人在精神正常的时候犯罪,应当负刑事责任。

尚未完全丧失辨认或者控制自己行为能力的精神病人犯罪的,应当负刑事责任,但是可以从轻或者减轻处罚。

醉酒的人犯罪,应当负刑事责任。

又聋又哑的人或者盲人犯罪,可以从轻、减轻或者免除处罚。

(四) 正当防卫

为了使国家、公共利益、本人或者他人的人身、财产和其他权利免受正在进行的不法侵害,而采取的制止不法侵害的行为,对不法侵害人造成损害的,属于正当防卫,不负刑事责任。

正当防卫明显超过必要限度造成重大损害的,应当负刑事责任,但是应当减轻或者免除处罚。

对正在进行行凶、杀人、抢劫、强奸、绑架以及其他严重危及人身安全的暴力犯罪,采取防卫行为,造成不法侵害人伤亡的,不属于防卫过当,不负刑事责任。

(五) 紧急避险

为了使国家、公共利益、本人或者他人的人身、财产和其他权利免受正在发生的危险,不得已采取的紧急避险行为,造成损害的,不负刑事责任。

紧急避险超过必要限度造成不应有的损害的,应当负刑事责任,但是应当减轻或者免除处罚。

(六) 犯罪的预备、未遂和中止

1. 犯罪预备

为了犯罪,准备工具、制造条件的,是犯罪预备。

对于预备犯,可以比照既遂犯从轻、减轻处罚或者免除处罚。

2. 犯罪未遂

已经着手实行犯罪,由于犯罪分子意志以外的原因而未得逞的,是犯罪未遂。

对于未遂犯,可以比照既遂犯从轻或者减轻处罚。

3. 犯罪中止

在犯罪过程中,自动放弃犯罪或者自动有效地防止犯罪结果发生的,是犯罪中止。

对于中止犯,没有造成损害的,应当免除处罚;造成损害的,应当减轻处罚。

(七) 共同犯罪

1. 共同犯罪的概念

共同犯罪是指二人以上共同故意犯罪。

二人以上共同过失犯罪,不以共同犯罪论处;应当负刑事责任的,按照他们所犯的罪分别处罚。

2. 主犯

组织、领导犯罪集团进行犯罪活动的或者在共同犯罪中起主要作用的,是主犯。

三人以上为共同实施犯罪而组成的较为固定的犯罪组织,是犯罪集团。

对组织、领导犯罪集团的首要分子,按照集团所犯的全部罪行处罚。

对于第三款规定以外的主犯,应当按其所参与的或者组织、指挥的全部犯罪处罚。

3. 从犯

在共同犯罪中起次要或者辅助作用的,是从犯。

对于从犯,应当从轻、减轻处罚或者免除处罚。

4. 胁从犯

对于被胁迫参加犯罪的,应当按照他的犯罪情节减轻处罚或者免除处罚。

5. 教唆犯

教唆他人犯罪的,应当按照他在共同犯罪中所起的作用处罚。教唆不满十八周岁的人犯罪的,应当从重处罚。

如果被教唆的人没有犯被教唆的罪,对于教唆犯,可以从轻或者减轻处罚。

六、刑罚

刑罚分为主刑和附加刑。附加刑也可以独立适用。

(一) 主刑

1. 管制

管制的期限,为三个月以上二年以下。

判处管制,可以根据犯罪情况,同时禁止犯罪分子在执行期间从事特定活动,进入特定区域、场所,接触特定的人。

对判处管制的犯罪分子,依法实行社区矫正。

2. 拘役

拘役的期限,为一个月以上六个月以下。

被判处拘役的犯罪分子,由公安机关就近执行。

在执行期间,被判处拘役的犯罪分子每月可以回家一天至两天;参加劳动的,可以酌量发给报酬。

拘役的刑期,从判决执行之日起计算;判决执行以前先行羁押的,羁押一日折抵刑期一日。

3. 有期徒刑

有期徒刑的期限,除本法五十条、第六十九条规定外,为六个月以上十五年以下。

有期徒刑的刑期,从判决执行之日起计算;判决执行以前先行羁押的,羁押一日折抵刑期一日。

4. 无期徒刑

被判处有期徒刑、无期徒刑的犯罪分子,在监狱或者其他执行场所执行;凡有劳动能力的,都应当参加劳动,接受教育和改造。

5. 死刑

死刑只适用于罪行极其严重的犯罪分子。对于应当判处死刑的犯罪分子,如果不是必须立即执行的,可以判处死刑同时宣告缓期二年执行。

死刑除依法由最高人民法院判决的以外,都应当报请最高人民法院核准。死刑缓期执行的,可以由高级人民法院判决或者核准。

犯罪的时候不满十八周岁的人和审判的时候怀孕的妇女,不适用死刑。

审判的时候已满七十五周岁的人,不适用死刑,但以特别残忍手段致人死亡的除外。

判处死刑缓期执行的,在死刑缓期执行期间,如果没有故意犯罪,二年期满以后,减为无期徒刑;如果确有重大立功表现,二年期满以后,减为二十五年有期徒刑;如果故意犯罪,情节恶劣的,报请最高人民法院核准后执行死刑;对于故意犯罪未执行死刑的,死刑缓期执行的期间重新计算,并报最高人民法院备案。

对被判处死刑缓期执行的累犯以及因故意杀人、强奸、抢劫、绑架、放火、爆炸、投放危险物质或者有组织的暴力性犯罪被判处死刑缓期执行的犯罪分子,人民法院根据犯罪情节等情况可以同时决定对其限制减刑。

死刑缓期执行的期间,从判决确定之日起计算。死刑缓期执行减为有期徒刑的刑期,从死刑缓期执行期满之日起计算。

(二) 附加刑

1. 罚金

判处罚金,应当根据犯罪情节决定罚金数额。

罚金在判决指定的期限内一次或者分期缴纳。期满不缴纳的,强制缴纳。对于不能全部缴纳罚金的,人民法院在任何时候发现被执行人有可以执行的财产,应当随时追缴。

由于遭遇不能抗拒的灾祸等原因缴纳确实有困难的,经人民法院裁定,可以延期缴纳、酌情减少或者免除。

2. 剥夺政治权利

剥夺政治权利是剥夺下列权利:
(1)选举权和被选举权。
(2)言论、出版、集会、结社、游行、示威自由的权利。
(3)担任国家机关职务的权利。
(4)担任国有公司、企业、事业单位和人民团体领导职务的权利。

剥夺政治权利的期限,除本法第五十七条规定外,为一年以上五年以下。

判处管制附加剥夺政治权利的,剥夺政治权利的期限与管制的期限相等,同时执行。

对于危害国家安全的犯罪分子应当附加剥夺政治权利;对于故意杀人、强奸、放火、爆炸、投毒、抢劫等严重破坏社会秩序的犯罪分子,可以附加剥夺政治权利。

独立适用剥夺政治权利的,依照本法分则的规定。

对于被判处死刑、无期徒刑的犯罪分子,应当剥夺政治权利终身。

在死刑缓期执行减为有期徒刑或者无期徒刑减为有期徒刑的时候,应当把附加剥夺政治权利的期限改为三年以上十年以下。

附加剥夺政治权利的刑期,从徒刑、拘役执行完毕之日或者从假释之日起计算;剥夺政治权利的效力当然施用于主刑执行期间。

3. 没收财产

没收财产是没收犯罪分子个人所有财产的一部或者全部。没收全部财产的,应当对犯罪分子个人及其扶养的家属保留必需的生活费用。

在判处没收财产的时候,不得没收属于犯罪分子家属所有或者应有的财产。

没收财产以前犯罪分子所负的正当债务,需要以没收的财产偿还的,经债权人请求,应当偿还。

想一想

主刑的种类有哪些?附加刑的种类有哪些?

七、与铁路运输密切相关的罪行及量刑

刑法中规定的罪行有十类:①危害国家安全罪;②危害公共安全罪;③破坏社会主义市场经济秩序罪;④侵犯公民人身权利、民主权利罪;⑤侵犯财产罪;⑥妨害社会管理秩序罪;⑦危害国防利益罪;⑧贪污贿赂罪;⑨渎职罪;⑩军人违反职责罪。

以下简单介绍与铁路运输密切相关的罪名及量刑。

(一) 危害国家安全罪

1. 背叛国家罪

勾结外国,危害中华人民共和国的主权、领土完整和安全的,处无期徒刑或者十年以上有期徒刑。

与境外机构、组织、个人相勾结,犯前款罪的,依照前款的规定处罚。

2. 为境外窃取、刺探、收买、非法提供国家秘密、情报罪

为境外的机构、组织、人员窃取、刺探、收买、非法提供国家秘密或者情报的,处五年以上十年以下有期徒刑;情节特别严重的,处十年以上有期徒刑或者无期徒刑;情节较轻的,处五年以下有期徒刑、拘役、管制或者剥夺政治权利。

(二) 危害公共安全罪

1. 破坏交通工具罪

破坏火车、汽车、电车、船只、航空器,足以使火车、汽车、电车、船只、航空器发生倾覆、毁坏

危险,尚未造成严重后果的,处三年以上十年以下有期徒刑。

2. 破坏交通设施罪

破坏轨道、桥梁、隧道、公路、机场、航道、灯塔、标志或者进行其他破坏活动,足以使火车、汽车、电车、船只、航空器发生倾覆、毁坏危险,尚未造成严重后果的,处三年以上十年以下有期徒刑。

破坏交通设备的方法多种多样。如炸毁铁轨、桥梁、隧道,拔除铁轨道钉,抽掉枕木,拧松或拆卸夹板螺钉,破坏公路路基,堵塞航道,在公路、机场路道上挖掘坑穴,拆毁或挪动灯塔、航标等安全标志。在铁轨上放置石块、涂抹机油等虽未直接破坏交通设备,但其同样可以造成交通工具倾覆、毁坏危险。

3. 破坏交通工具罪、破坏交通设施罪、破坏电力设备罪、破坏易燃易爆设备罪

破坏交通工具、交通设施、电力设备、燃气设备、易燃易爆设备,造成严重后果的,处十年以上有期徒刑、无期徒刑或者死刑。

过失犯前款罪的,处三年以上七年以下有期徒刑;情节较轻的,处三年以下有期徒刑或者拘役。

4. 劫持船只、汽车罪

以暴力、胁迫或者其他方法劫持船只、汽车的,处五年以上十年以下有期徒刑;造成严重后果的,处十年以上有期徒刑或者无期徒刑。

5. 暴力危及飞行安全罪

对飞行中的航空器上的人员使用暴力,危及飞行安全,尚未造成严重后果的,处五年以下有期徒刑或者拘役;造成严重后果的,处五年以上有期徒刑。

6. 非法携带枪支、弹药、管制刀具、危险物品危及公共安全罪

非法携带枪支、弹药、管制刀具或者爆炸性、易燃性、放射性、毒害性、腐蚀性物品,进入公共场所或者公共交通工具,危及公共安全,情节严重的,处三年以下有期徒刑、拘役或者管制。

7. 铁路运营安全事故罪

铁路职工违反规章制度,致使发生铁路运营安全事故,造成严重后果的,处三年以下有期徒刑或者拘役;造成特别严重后果的,处三年以上七年以下有期徒刑。

本罪侵犯的客体是铁路运输的正常秩序和铁路运输的安全。

铁路是国民经济的大动脉,铁路运输联结各行各业、千家万户。铁路运输活动一旦发生重大事故,会严重危及公共安全,使人民生命财产遭受重大损失。本罪在客观方面表现为行为人不负责任地在铁路运输活动中违反规章制度,因而发生运营事故,造成严重或特别严重后果。

构成本罪,行为必须违反同保障铁路运输安全有直接关系的各种规章制度。"违反规章制度"是构成本罪的前提,同时,由于这种违反规章制度的行为,导致了铁路运营事故的发生。如果运营事故不是由违反规章制度的行为所引起,则行为人不负处罚。铁路职工违反规章制度的行为可以是作为,如超速行驶、错扳道岔、错发信号等,也可以是不作为,如过道口未鸣笛示警、扳道员不按时扳道岔、岔道口不减速等。

构成本罪,必须造成重大事故。本条所称"严重后果",一般是指造成人员重伤、公私财产

遭受重大损失等。例如,经常违反规章制度,屡教不改,以致酿成运营事故;明知列车关键部件有失灵危险,仍继续驾驶,以致造成运营事故等。"特别严重后果",一般是指造成人员死亡或多人重伤、公私财产遭受巨大损失等。

严重后果必须是由违章行为引起的,二者之间存在因果关系。违反规章制度,致人重伤、死亡或者使公私财产遭受重大损失的行为,必须发生在从始发车站准备载人装货至终点车站旅客离去、货物卸完的整个铁路运输活动过程中。

本罪的主体为特殊主体。只有铁路职工才能成为本罪主体。这里所称的铁路职工,是指具体从事铁路运营业务,与保证列车运营安全有直接关系的人员,包括具体操纵机车的司机;铁路运营设备的其他操纵人员,如扳道员、挂钩员;列车运营活动的直接领导和指挥人员,如调度员;列车安全的管理人员,如信号员等。如果是铁路部门的非运营第一线职工,则不能成为本罪主体。

本罪在主观方面表现为过失,包括疏忽大意的过失和过于自信的过失。这种过失主要针对行为人对危害后果的态度而言,包括他应当预见但未预见到可能发生严重后果,或者虽然预见,但轻信可以避免,以致发生了严重后果。如果出于故意,就不属于铁路运营安全事故罪,而属于其他犯罪了。

8.危险物品肇事罪

违反爆炸性、易燃性、放射性、毒害性、腐蚀性物品的管理规定,在生产、储存、运输、使用中发生重大事故,造成严重后果的,处三年以下有期徒刑或者拘役;后果特别严重的,处三年以上七年以下有期徒刑。

想一想

破坏交通工具罪、破坏交通设施罪如何量刑?

(三)侵犯财产罪

1.抢劫罪

以暴力、胁迫或者其他方法抢劫公私财物的,处三年以上十年以下有期徒刑,并处罚金;有下列情形之一的,处十年以上有期徒刑、无期徒刑或者死刑,并处罚金或者没收财产:

(1)入户抢劫的。
(2)在公共交通工具上抢劫的。
(3)抢劫银行或者其他金融机构的。
(4)多次抢劫或者抢劫数额巨大的。
(5)抢劫致人重伤、死亡的。
(6)冒充军警人员抢劫的。
(7)持枪抢劫的。
(8)抢劫军用物资或者抢险、救灾、救济物资的。

2. 盗窃罪

盗窃公私财物,数额较大的,或者多次盗窃、入户盗窃、携带凶器盗窃、扒窃的,处三年以下有期徒刑、拘役或者管制,并处或者单处罚金;数额巨大或者有其他严重情节的,处三年以上十年以下有期徒刑,并处罚金;数额特别巨大或者有其他特别严重情节的,处十年以上有期徒刑或者无期徒刑,并处罚金或者没收财产。

以牟利为目的,盗接他人通信线路、复制他人电信码号或者明知是盗接、复制的电信设备、设施而使用的,依照本法第二百六十四条的规定定罪处罚。

犯盗窃、诈骗、抢夺罪,为窝藏赃物、抗拒抓捕或者毁灭罪证而当场使用暴力或者以暴力相威胁的,依照本法第二百六十三条的规定定罪处罚。

3. 聚众哄抢罪

聚众哄抢公私财物,数额较大或者有其他严重情节的,对首要分子和积极参加的,处三年以下有期徒刑、拘役或者管制,并处罚金;数额巨大或者有其他特别严重情节的,处三年以上十年以下有期徒刑,并处罚金。

(四)妨害社会管理秩序罪

1. 扰乱公共秩序罪

(1)使用虚假身份证件、盗用身份证件罪

在依照国家规定应当提供身份证明的活动中,使用伪造、变造的或者盗用他人的居民身份证、护照、社会保障卡、驾驶证等依法可以用于证明身份的证件,情节严重的,处拘役或者管制,并处或者单处罚金。

有前款行为,同时构成其他犯罪的,依照处罚较重的规定定罪处罚。

(2)非法使用窃听、窃照专用器材罪;考试作弊罪

非法使用窃听、窃照专用器材,造成严重后果的,处二年以下有期徒刑、拘役或者管制。

(3)组织考试作弊罪;非法出售、提供试题答案罪;代替考试罪

在法律规定的国家考试中,组织作弊的,处三年以下有期徒刑或者拘役,并处或者单处罚金;情节严重的,处三年以上七年以下有期徒刑,并处罚金。

为他人实施前款犯罪提供作弊器材或者其他帮助的,依照前款的规定处罚。

为实施考试作弊行为,向他人非法出售或者提供第一款规定的考试的试题、答案的,依照第一款的规定处罚。

代替他人或者让他人代替自己参加第一款规定的考试的,处拘役或者管制,并处或者单处罚金。

(4)聚众扰乱社会秩序罪;聚众冲击国家机关罪、扰乱国家机关工作秩序罪;组织、资助非法聚集罪

聚众扰乱社会秩序,情节严重,致使工作、生产、营业和教学、科研、医疗无法进行,造成严重损失的,对首要分子,处三年以上七年以下有期徒刑;对其他积极参加的,处三年以下有期徒刑、拘役、管制或者剥夺政治权利。

聚众冲击国家机关,致使国家机关工作无法进行,造成严重损失的,对首要分子,处五年以上

十年以下有期徒刑;对其他积极参加的,处五年以下有期徒刑、拘役、管制或者剥夺政治权利。

多次扰乱国家机关工作秩序,经行政处罚后仍不改正,造成严重后果的,处三年以下有期徒刑、拘役或者管制。

多次组织、资助他人非法聚集,扰乱社会秩序,情节严重的,依照前款的规定处罚。

(5)聚众扰乱公共场所秩序、交通秩序罪;投放虚假危险物质罪;编造、故意传播虚假恐怖信息罪

聚众扰乱车站、码头、民用航空站、商场、公园、影剧院、展览会、运动场或者其他公共场所秩序,聚众堵塞交通或者破坏交通秩序,抗拒、阻碍国家治安管理工作人员依法执行职务,情节严重的,对首要分子,处五年以下有期徒刑、拘役或者管制。

投放虚假的爆炸性、毒害性、放射性、传染病病原体等物质,或者编造爆炸威胁、生化威胁、放射威胁等恐怖信息,或者明知是编造的恐怖信息而故意传播,严重扰乱社会秩序的,处五年以下有期徒刑、拘役或者管制;造成严重后果的,处五年以上有期徒刑。

编造虚假的险情、疫情、灾情、警情,在信息网络或者其他媒体上传播,或者明知是上述虚假信息,故意在信息网络或者其他媒体上传播,严重扰乱社会秩序的,处三年以下有期徒刑、拘役或者管制;造成严重后果的,处三年以上七年以下有期徒刑。

(6)侮辱国旗、国徽罪

在公众场合故意以焚烧、毁损、涂划、玷污、践踏等方式侮辱中华人民共和国国旗、国徽的,处三年以下有期徒刑、拘役、管制或者剥夺政治权利。

在公共场合,故意篡改中华人民共和国国歌歌词、曲谱,以歪曲、贬损方式奏唱国歌,或者以其他方式侮辱国歌,情节严重的,依照前款的规定处罚。

2.破坏环境资源保护罪

(1)污染环境罪

违反国家规定,排放、倾倒或者处置有放射性的废物、含传染病病原体的废物、有毒物质或者其他有害物质,严重污染环境的,处三年以下有期徒刑或者拘役,并处或者单处罚金;情节严重的,处三年以上七年以下有期徒刑,并处罚金。

(2)非法处置进口的固体废物罪;擅自进口固体废物罪;走私固体废物罪

违反国家规定,将境外的固体废物进境倾倒、堆放、处置的,处五年以下有期徒刑或者拘役,并处罚金;造成重大环境污染事故,致使公私财产遭受重大损失或者严重危害人体健康的,处五年以上十年以下有期徒刑,并处罚金;后果特别严重的,处十年以上有期徒刑,并处罚金。

未经国务院有关主管部门许可,擅自进口固体废物用作原料,造成重大环境污染事故,致使公私财产遭受重大损失或者严重危害人体健康的,处五年以下有期徒刑或者拘役,并处罚金;后果特别严重的,处五年以上十年以下有期徒刑,并处罚金。

以原料利用为名,进口不能用作原料的固体废物、液态废物和气态废物的,依照本法第一百五十二条第二款、第三款的规定定罪处罚。

(五)贪污贿赂罪

1.贪污罪

国家工作人员利用职务上的便利,侵吞、窃取、骗取或者以其他手段非法占有公共财物的,

是贪污罪。

受国家机关、国有公司、企业、事业单位、人民团体委托管理、经营国有财产的人员,利用职务上的便利,侵吞、窃取、骗取或者以其他手段非法占有国有财物的,以贪污论。

与前两款所列人员勾结,伙同贪污的,以共犯论处。

对犯贪污罪的,根据情节轻重,分别依照下列规定处罚:

(1)贪污数额较大或者有其他较重情节的,处三年以下有期徒刑或者拘役,并处罚金。

(2)贪污数额巨大或者有其他严重情节的,处三年以上十年以下有期徒刑,并处罚金或者没收财产。

(3)贪污数额特别巨大或者有其他特别严重情节的,处十年以上有期徒刑或者无期徒刑,并处罚金或者没收财产;数额特别巨大,并使国家和人民利益遭受特别重大损失的,处无期徒刑或者死刑,并处没收财产。

对多次贪污未经处理的,按照累计贪污数额处罚。

2. 挪用公款罪

国家工作人员利用职务上的便利,挪用公款归个人使用,进行非法活动的,或者挪用公款数额较大、进行营利活动的,或者挪用公款数额较大、超过三个月未还的,是挪用公款罪,处五年以下有期徒刑或者拘役;情节严重的,处五年以上有期徒刑。挪用公款数额巨大不退还的,处十年以上有期徒刑或者无期徒刑。

挪用用于救灾、抢险、防汛、优抚、扶贫、移民、救济款物归个人使用的,从重处罚。

3. 受贿罪

国家工作人员利用职务上的便利,索取他人财物的,或者非法收受他人财物,为他人谋取利益的,是受贿罪。

国家工作人员在经济往来中,违反国家规定,收受各种名义的回扣、手续费,归个人所有的,以受贿论处。

4. 单位受贿罪

国家机关、国有公司、企业、事业单位、人民团体,索取、非法收受他人财物,为他人谋取利益,情节严重的,对单位判处罚金,并对其直接负责的主管人员和其他直接责任人员,处五年以下有期徒刑或者拘役。

前款所列单位,在经济往来中,在账外暗中收受各种名义的回扣、手续费的,以受贿论,依照前款的规定处罚。

5. 受贿罪;利用影响力受贿罪

国家工作人员利用本人职权或者地位形成的便利条件,通过其他国家工作人员职务上的行为,为请托人谋取不正当利益,索取请托人财物或者收受请托人财物的,以受贿论处。

6. 行贿罪

为谋取不正当利益,给予国家工作人员以财物的,是行贿罪。

在经济往来中,违反国家规定,给予国家工作人员以财物,数额较大的,或者违反国家规定,给予国家工作人员以各种名义的回扣、手续费的,以行贿论处。

因被勒索给予国家工作人员以财物,没有获得不正当利益的,不是行贿。

(六) 渎职罪

1. 滥用职权罪;玩忽职守罪

国家机关工作人员滥用职权或者玩忽职守,致使公共财产、国家和人民利益遭受重大损失的,处三年以下有期徒刑或者拘役;情节特别严重的,处三年以上七年以下有期徒刑。本法另有规定的,依照规定。

国家机关工作人员徇私舞弊,犯前款罪的,处五年以下有期徒刑或者拘役;情节特别严重的,处五年以上十年以下有期徒刑。本法另有规定的,依照规定。

2. 故意泄露国家秘密罪;过失泄露国家秘密罪

国家机关工作人员违反保守国家秘密法的规定,故意或者过失泄露国家秘密,情节严重的,处三年以下有期徒刑或者拘役;情节特别严重的,处三年以上七年以下有期徒刑。

非国家机关工作人员犯前款罪的,依照前款的规定酌情处罚。

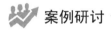

案例研讨

案例1-7:杀妻骗保案

案例描述: 某年1月,锦州发生一起车祸,开车的丈夫周某重伤,车上的妻子死亡。死者家属事后发现多份保单,若妻子意外身故,周某可获得赔约2949万元。面对种种疑点,死者家属坚信这不是一场普通车祸。随着警方调查深入,事故背后的杀妻骗保阴谋被揭开。犯罪嫌疑人周某为弥补生意失败、股票亏空的600万元负债,为妻子购买了保额为2900万元且受益人为周某的巨额保险,随后故意制造车祸致妻子死亡。一起制造车祸谋杀妻子、意图骗取2900万元巨额保险赔偿金的案件,引发了外界关注。

请运用所学知识对本案进行评析。

案例1-8:铁路运营安全事故案

案例描述: 2000年6月14日17:12,蒋某、徐某、马某带领民工在兰新线下行线路抽换轨枕作业时,在出现胀轨、K644+348.24处连续两根轨枕两端无扣件固定、K644+352处连续四根轨枕无扣件固定、枕底道砟未捣固密实、轨枕与钢轨之间最大间隙达70毫米的情况下,未采取任何措施,致使X295次行包专列运行至该施工处(兰新线K644+352)时,发生脱轨、颠覆(其中第8、9位脱线,第10至17位颠覆,第18位1位台车脱线);中断下行线路行车22小时15分钟、上行线路行车9小时29分钟;造成车辆报废6辆、大破2辆、中破3辆;损坏钢轨350米、混凝土轨枕568根;影响旅客列车8列、货物列车17列;造成直接经济损失214万元,构成行车重大事故。

X295次货物列车脱轨重大事故的主要原因是违章蛮干造成枕木缺钉、线路失稳、胀轨跑道;列车严重超载、偏载也是本次事故发生的原因之一。蒋某身为施工现场的负责人,违反规章制度,擅自变更作业计划,盲目追求进度,致使发生铁路运营事故,造成严重后果,其行为已构成铁路运营安全事故罪。徐某身为施工现场负责技术的工作人员,违反规章制度,致使现场出现胀轨、连续四根轨枕无垫板、道钉,造成线路失稳,而不采取有效防护措施,导致重大行车事故发生,造成严重后果,其行为已构成铁路运营安全事故罪。马某从事的工作和铁路运营安全直接紧密相关,且其行为受铁路桥隧施工合同的约束,应视为铁路职工,其行为也构成铁路运营安全事故罪。

请运用所学知识对本案进行评析。

案例1-9:铁路行车特别重大事故案

案例描述:1997年4月29日10:48,昆明开往郑州的324次旅客列车行至京广线荣家湾站K1453+914处,与停在站内4道的818次旅客列车尾部冲突,造成324次旅客列车机后1至9位颠覆,10、11位脱轨;818次旅客列车机后15至17位(尾部3辆)颠覆。这起行车事故共造成126人死亡、48人重伤、182人轻伤;机车报废1台;客车报废11辆、大破3辆、中破1辆、小破1辆;线路损坏415米;直接经济损失415.53万元。

这起事故的直接原因是长沙电务段荣家湾信号工区信号工郝某在12号道岔电缆盒整理配线作业时,瞒过车站值班员,将12号道岔xb变压器箱内1号端子电缆线甩开,致使12号道岔在反位时不向定位转动;又擅自使用二极管封连线,将1、3号端子封连,造成12号道岔定位假表示,破坏了12号道岔与2道通过信号的联锁关系。在818次列车进站后,郝某发现324次列车将要进站时,既不将二极管卸下,恢复1号端子电缆线,又不拦停列车,导致本应从2道通过的324次旅客列车进入4道,与停在该道的818次旅客列车尾部相撞。因此,这起事故的直接责任者就是郝某。

请运用所学知识对本案进行评析。

复习思考题

1. 我国的国体和政体是什么?
2. 宪法规定的公民的基本权利和义务主要有哪些?
3. 行使国家权力的国家机构体系是如何构成的?
4. 民法典的主要内容有哪些?
5. 什么是自然人?
6. 何谓法人?作为法人应具备哪些条件?
7. 什么是民事权利?
8. 什么是民事责任?
9. 什么是民事主体?
10. 什么是民事法律行为?
11. 承担民事责任的方式主要有哪些?
12. 何谓犯罪?刑事责任年龄是如何规定的?
13. 刑法对于铁路运营安全事故罪是如何量刑的?
14. 刑法对于非法携带枪支、弹药、管制刀具、危险物品危及公共安全罪是如何量刑的?
15. 主刑的种类有哪些?附加刑的种类有哪些?

模块二 合同知识

📊 模块描述

本模块主要介绍合同的概念、民法典中确立的典型合同、合同的订立、合同的变更、合同的解除、合同的转让、合同的终止、合同的履行、合同的担保、合同的保全和违约责任。

🎯 教学目标

1. 知识目标

(1) 掌握合同的概念及合同订立、合同履行、合同担保的相关知识。

(2) 掌握合同的保全及违约责任。

(3) 熟悉民法典确认的典型合同。

2. 能力目标

(1) 能按照民法典的规定,正确签订运输合同,从而安全、迅速、经济、便利地完成运输任务。

(2) 能依据民法典,正确处理合同的变更和解除。

(3) 能合理利用法律法规,解决铁路运输合同履行中出现的问题。

3. 素质目标

培养依法办事、按章处理各种问题,在运输过程中严守标准、安全第一的职业意识。

📅 建议学时

10 学时。

📖 案例导入

1. 案例简介

甲乙两公司采用合同书形式订立了一份买卖合同,双方约定由甲公司向乙公司提供 100 台精密仪器,甲公司于 8 月 31 日前交货,并负责将货物运至乙公司,乙公司在收到货物后 10 日内付清货款。合同订立后,双方均未签字盖章。7 月 28 日,甲公司与丙运输公司订立货物运输合同,双方约定由丙公司将 100 台精密仪器运至乙公司。8 月 1 日,丙公司先运了 70 台精密仪器至乙公司,乙公司全部收到,并于 8 月 8 日将 70 台精密仪器的货款付清。8 月 20 日,甲公司掌握了乙公司转移财产、逃避债务的确切证据,随即通知丙公司暂停运输其余30台精密仪器,并通知乙公司中止交货,要求乙公司提供担保;乙公司及时提供了担保。8月26日,甲公司通知丙公司将其余30台精密仪器运往乙公司,丙公司在运输途中发生交通事故,30台精密仪器全部毁损,致使甲公司8月31日前不能按时全部交货。9月5日,乙公司要求甲公司承担违约责任。

2. 问题思考

根据以上事实及民法典的规定,回答下列问题:

(1)甲乙公司订立的买卖合同是否成立?并说明理由。

(2)甲公司8月20日中止履行合同的行为是否合法?并说明理由。

(3)乙公司9月5日要求甲公司承担违约责任的行为是否合法?并说明理由。

(4)丙公司对货物毁损应承担什么责任?并说明理由。

3. 案例评析

(1)甲乙公司订立的买卖合同成立。根据民法典第三编的规定,采用合同书形式订立合同,在签字或者盖章之前,当事人一方已经履行主要义务,对方接受的,该合同成立。虽然甲乙双方没有在合同书上签字盖章,但甲公司已将70台精密仪器交付了乙公司,乙公司也已接受并付款,所以合同成立。

(2)甲公司8月20日中止履行合同的行为合法。根据民法典的规定,应当先履行债务的当事人,有确切证据证明对方有转移财产、逃避债务的情形,可以中止履行合同。

(3)乙公司9月5日要求甲公司承担违约责任的行为合法。根据民法典的规定,当事人一方因第三人的原因造成违约的,应当向对方承担违约责任。

(4)丙公司对货物毁损应向甲公司承担损害赔偿责任。根据民法典的规定,承运人对运输过程中货物的毁损、灭失承担损害赔偿责任。

单元一 合同概述

一、合同的概念

合同在社会经济生活中十分常见,它几乎与每个人、每个企业、每个组织所有的交易活动密切相关。人们在生产、流通、交换、消费的交易活动中都离不开合同,尤其对于企业的生产经营来说,合同更是其他要约形式所无法代替的。

合同有广义和狭义之说。广义的合同是指设立、变更、终止民事法律关系的协议,凡发生司法效力的协议都囊括在内,包含了所有法律部门中的合同关系。狭义的合同是指民事合同,即民事主体设立、变更、终止民事权利义务关系的协议。狭义的合同指物权、知识产权、债权等合同。

民法典所称合同是民事主体之间设立、变更、终止民事法律关系的协议。婚姻、收养、监护等有关身份关系的协议,适用有关该身份关系的法律规定。

依法成立的合同,受法律保护。依法成立的合同,仅对当事人具有法律约束力,但是法律另有规定的除外。

二、合同的含义

(一) 合同是民事行为

民法典第一百三十三条规定:"民事法律行为是民事主体通过意思表示设立、变更、终止民事法律关系的行为。"

(二) 合同是双方行为

民事法律行为可分为单方行为、双方行为和多方行为。这是根据意思表示的个数进行划分的。

所谓意思表示,是指通过语言、文字或其他方式表达于外部的当事人希望发生某种法律效力的意思,是构成民事法律行为的要件。

单方行为,是指由一个意思表示构成的法律行为,如遗嘱、遗赠等。

多方行为又称共同行为,是指由两个以上意思表示构成的法律行为,如公司的设立。

双方行为,是指由双方意思表示一致而构成的法律行为。

就合同而言,双方当事人处于彼此利害相反的地位,互相作出意思表示。前一个意思表示称为要约,后一个意思表示称为承诺。要约与承诺达成一致,即合意成立。合意,即两个意思表示一致,是合同的本质。合同概念中的协议与合意含义相同。

(三) 合同当事人的法律地位平等

合同是当事人之间意思表示一致的法律行为,合同当事人的法律地位平等。

三、民法典合同编的适用范围

1. 对人的效力

合同的主体,包括自然人、法人、非法人组织之间订立的合同。

2. 地域的效力

中华人民共和国领域内的民事活动,适用中华人民共和国法律。法律另有规定的,依照其规定。

3. 时间上的效力

自 2021 年 1 月 1 日起施行。

四、民法典确认的典型合同

民法典合同编确认了 19 种典型合同。

（一）买卖合同

买卖合同是出卖人转移标的物的所有权于买受人，买受人支付价款的合同。

买卖合同的内容一般包括标的物的名称、数量、质量、价款、履行期限、履行地点和方式、包装方式、检验标准和方法、结算方式、合同使用的文字及其效力等条款。

（二）供用电、水、气、热力合同

供用电合同是供电人向用电人供电，用电人支付电费的合同。

供用电合同的内容一般包括供电的方式、质量、时间，用电容量、地址、性质，计量方式，电价、电费的结算方式，供用电设施的维护责任等条款。

供用水、供用气、供用热力合同，参照适用供用电合同的有关规定。

（三）赠与合同

赠与合同是赠与人将自己的财产无偿给予受赠人，受赠人表示接受赠与的合同。

（四）借款合同

借款合同是借款人向贷款人借款，到期返还借款并支付利息的合同。

借款合同应当采用书面形式，但是自然人之间借款另有约定的除外。

借款合同的内容一般包括借款种类、币种、用途、数额、利率、期限和还款方式等条款。

（五）保证合同

保证合同是为保障债权的实现，保证人和债权人约定，当债务人不履行到期债务或者发生当事人约定的情形时，保证人履行债务或者承担责任的合同。

保证合同是主债权债务合同的从合同。主债权债务合同无效的，保证合同无效，但是法律另有规定的除外。

保证合同被确认无效后，债务人、保证人、债权人有过错的，应当根据其过错各自承担相应的民事责任。

机关法人不得为保证人，但是经国务院批准为使用外国政府或者国际经济组织贷款进行转贷的除外。

以公益为目的的非营利法人、非法人组织不得为保证人。

（六）租赁合同

租赁合同是出租人将租赁物交付承租人使用、收益，承租人支付租金的合同。

租赁合同的内容一般包括租赁物的名称、数量、用途、租赁期限、租金及其支付期限和方式、租赁物维修等条款。

租赁期限不得超过二十年。超过二十年的，超过部分无效。

租赁期限届满，当事人可以续订租赁合同；但是，约定的租赁期限自续订之日起不得超过二十年。

(七)融资租赁合同

融资租赁合同是出租人根据承租人对出卖人、租赁物的选择,向出卖人购买租赁物,提供给承租人使用,承租人支付租金的合同。

融资租赁合同的内容一般包括租赁物的名称、数量、规格、技术性能、检验方法,租赁期限,租金构成及其支付期限和方式、币种,租赁期限届满租赁物的归属等条款。

融资租赁合同应当采用书面形式。

(八)保理合同

保理合同是应收账款债权人将现有的或者将有的应收账款转让给保理人,保理人提供资金融通、应收账款管理或者催收、应收账款债务人付款担保等服务的合同。

保理合同的内容一般包括业务类型、服务范围、服务期限、基础交易合同情况、应收账款信息、保理融资款或者服务报酬及其支付方式等条款。

保理合同应当采用书面形式。

(九)承揽合同

承揽合同是承揽人按照定作人的要求完成工作,交付工作成果,定作人支付报酬的合同。

承揽包括加工、定作、修理、复制、测试、检验等工作。

承揽合同的内容一般包括承揽的标的、数量、质量、报酬,承揽方式,材料的提供,履行期限,验收标准和方法等条款。

承揽人应当以自己的设备、技术和劳力,完成主要工作,但是当事人另有约定的除外。

承揽人将其承揽的主要工作交由第三人完成的,应当就该第三人完成的工作成果向定作人负责;未经定作人同意的,定作人也可以解除合同。

(十)建设工程合同

建设工程合同是承包人进行工程建设,发包人支付价款的合同。

建设工程合同包括工程勘察、设计、施工合同。

建设工程合同应当采用书面形式。

建设工程的招标投标活动,应当依照有关法律的规定公开、公平、公正进行。

(十一)运输合同

运输合同是承运人将旅客或者货物从起运地点运输到约定地点,旅客、托运人或者收货人支付票款或者运输费用的合同。

从事公共运输的承运人不得拒绝旅客、托运人通常、合理的运输要求。

承运人应当在约定期限或者合理期限内将旅客、货物安全运输到约定地点。

承运人应当按照约定的或者通常的运输路线将旅客、货物运输到约定地点。

旅客、托运人或者收货人应当支付票款或者运输费用。承运人未按照约定路线或者通常路线运输增加票款或者运输费用的,旅客、托运人或者收货人可以拒绝支付增加部分的票款或者运输费用。

运输合同包括客运合同、货运合同和多式联运合同。

(十二)技术合同

技术合同是当事人就技术开发、转让、许可、咨询或者服务订立的确立相互之间权利和义务的合同。

订立技术合同,应当有利于知识产权的保护和科学技术的进步,促进科学技术成果的研发、转化、应用和推广。

技术合同的内容一般包括项目的名称,标的的内容、范围和要求,履行的计划、地点和方式,技术信息和资料的保密,技术成果的归属和收益的分配办法,验收标准和方法,名词和术语的解释等条款。

技术合同包括技术开发合同、技术转让合同和技术许可合同、技术咨询合同和技术服务合同。

(十三)保管合同

保管合同是保管人保管寄存人交付的保管物,并返还该物的合同。

寄存人到保管人处从事购物、就餐、住宿等活动,将物品存放在指定场所的,视为保管,但是当事人另有约定或者另有交易习惯的除外。

寄存人应当按照约定向保管人支付保管费。

(十四)仓储合同

仓储合同是保管人储存存货人交付的仓储物,存货人支付仓储费的合同。

仓储合同自保管人和存货人意思表示一致时成立。

储存易燃、易爆、有毒、有腐蚀性、有放射性等危险物品或者易变质物品的,存货人应当说明该物品的性质,提供有关资料。

(十五)委托合同

委托合同是委托人和受托人约定,由受托人处理委托人事务的合同。

委托人可以特别委托受托人处理一项或者数项事务,也可以概括委托受托人处理一切事务。

委托人应当预付处理委托事务的费用。受托人为处理委托事务垫付的必要费用,委托人应当偿还该费用并支付利息。

(十六)物业服务合同

物业服务合同是物业服务人在物业服务区域内,为业主提供建筑物及其附属设施的维修养护、环境卫生和相关秩序的管理维护等物业服务,业主支付物业费的合同。

物业服务人包括物业服务企业和其他管理人。

物业服务合同的内容一般包括服务事项、服务质量、服务费用的标准和收取办法、维修资金的使用、服务用房的管理和使用、服务期限、服务交接等条款。

物业服务人公开作出的有利于业主的服务承诺,为物业服务合同的组成部分。

物业服务合同应当采用书面形式。

(十七) 行纪合同

行纪合同是行纪人以自己的名义为委托人从事贸易活动,委托人支付报酬的合同。

行纪人处理委托事务支出的费用,由行纪人负担,但是当事人另有约定的除外。

行纪人占有委托物的,应当妥善保管委托物。

委托物交付给行纪人时有瑕疵或者容易腐烂、变质的,经委托人同意,行纪人可以处分该物;不能与委托人及时取得联系的,行纪人可以合理处分。

(十八) 中介合同

中介合同是中介人向委托人报告订立合同的机会或者提供订立合同的媒介服务,委托人支付报酬的合同。

中介人应当就有关订立合同的事项向委托人如实报告。

中介人故意隐瞒与订立合同有关的重要事实或者提供虚假情况,损害委托人利益的,不得请求支付报酬并应当承担赔偿责任。

中介人促成合同成立的,委托人应当按照约定支付报酬。对中介人的报酬没有约定或者约定不明确,依据本法❶第五百一十条的规定仍不能确定的,根据中介人的劳务合理确定。因中介人提供订立合同的媒介服务而促成合同成立的,由该合同的当事人平均负担中介人的报酬。

(十九) 合伙合同

合伙合同是两个以上合伙人为了共同的事业目的,订立的共享利益、共担风险的协议。

合伙人应当按照约定的出资方式、数额和缴付期限,履行出资义务。

合伙人的出资、因合伙事务依法取得的收益和其他财产,属于合伙财产。

合伙合同终止前,合伙人不得请求分割合伙财产。

案例研讨

案例 2-1:履行捐赠合同案

案例描述:张某是某村村民,到南方打工十余年,挣得数百万元资产。2021 年春节回乡后,他看到本村发展不大,就找到村委会负责人,表示自己愿意拿出 15 万元,由村委会负责兴办一个养殖场。双方为此签订了书面的捐款协议,张某要求村委会即日开始着手准备,并答应 3 个月内将资金划拨过来。不料,张某回到南方后,一直未划拨资金。村委会遂按照书面的捐款协议要求张某注资,张某答复称自己当初答应捐款是一时冲动,自己有权决定是否捐资。而

---

❶ 本法在本模块指《中华人民共和国民法典》。

村委会认为,既然张某已经与村委会签订了合同,就应按照合同办。遂向法院起诉张某,要求其履行捐赠合同。

请思考: 法院是否应当支持村委会的诉讼请求?说明理由。

单元二 合同的订立、变更、解除、转让和终止

合同的订立,指两个或两个以上的民事主体,依法就合同的重要条款经过协商一致达成合意的法律行为。

当事人订立合同,应当具有相应的民事权利能力和民事行为能力。当事人依法可以委托代理人订立合同。

一、合同订立的基本程序

民法典合同编规定:"当事人订立合同,可以采取要约、承诺方式或者其他方式。"

合同的签订需要当事人双方对合同的内容进行协商,最后达成一致意见。这一过程可以分为两个阶段,即订约提议(要约)和接受提议(承诺)。

如甲、乙双方欲订立合同,甲发出一项要约,乙接受后修改了某些内容并将其告知甲,这时是乙提出了一项反要约,甲可能又对乙的反要约加以修改,这又是一项反要约,如此反复,最后乙接受了甲最后一次反要约,此时即为乙承诺,合同遂告成立。可见,要约一般都有反复的过程,而承诺只有一次,承诺表示着合同成立。

(一) 要约

1. 要约的概念与形式

要约是希望与他人订立合同的意思表示,该意思表示应当符合下列条件:
(1) 内容具体确定。
(2) 表明经受要约人承诺,要约人即受该意思表示约束。
要约可采取书面形式(如信件、电报),也可采取口头形式。

2. 要约邀请

要约邀请是希望他人向自己发出要约的表示。拍卖公告、招标公告、招股说明书、债券募集办法、基金招募说明书、商业广告和宣传、寄送的价目表等为要约邀请。

商业广告和宣传的内容符合要约条件的,构成要约。

提出要约的一方为要约人,接受要约的一方为受约人。

3. 要约的撤回

要约可以撤回。撤回意思表示的通知应当在意思表示到达相对人前或者与意思表示同时到达相对人。

要约可以撤销,但是有下列情形之一的除外:
(1)要约人以确定承诺期限或者其他形式明示要约不可撤销。
(2)受要约人有理由认为要约是不可撤销的,并已经为履行合同做了合理准备工作。

撤销要约的意思表示以对话方式作出的,该意思表示的内容应当在受要约人作出承诺之前为受要约人所知道;撤销要约的意思表示以非对话方式作出的,应当在受要约人作出承诺之前到达受要约人。

4.要约的失效

有下列情形之一的,要约失效:
(1)要约被拒绝。
(2)要约被依法撤销。
(3)承诺期限届满,受要约人未作出承诺。
(4)受要约人对要约的内容作出实质性变更。

(二)承诺

承诺是受要约人同意要约的意思表示。

承诺应当以通知的方式作出;但是,根据交易习惯或者要约表明可以通过行为作出承诺的除外。

承诺应当在要约确定的期限内到达要约人。

要约没有确定承诺期限的,承诺应当依照下列规定到达:
(1)要约以对话方式作出的,应当即时作出承诺。
(2)要约以非对话方式作出的,承诺应当在合理期限内到达。

要约以信件或者电报作出的,承诺期限自信件载明的日期或者电报交发之日开始计算。信件未载明日期的,自投寄该信件的邮戳日期开始计算。要约以电话、传真、电子邮件等快速通讯方式作出的,承诺期限自要约到达受要约人时开始计算。

承诺生效时合同成立,但是法律另有规定或者当事人另有约定的除外。

以通知方式作出的承诺,生效的时间适用以下规定:

以对话方式作出的意思表示,相对人知道其内容时生效。

以非对话方式作出的意思表示,到达相对人时生效。以非对话方式作出的采用数据电文形式的意思表示,相对人指定特定系统接收数据电文的,该数据电文进入该特定系统时生效;未指定特定系统的,相对人知道或者应当知道该数据电文进入其系统时生效。当事人对采用数据电文形式的意思表示的生效时间另有约定的,按照其约定。

承诺不需要通知的,根据交易习惯或者要约的要求作出承诺的行为时生效。

受要约人超过承诺期限发出承诺,或者在承诺期限内发出承诺,按照通常情形不能及时到达要约人的,为新要约;但是,要约人及时通知受要约人该承诺有效的除外。

受要约人在承诺期限内发出承诺,按照通常情形能够及时到达要约人,但是因其他原因致使承诺到达要约人时超过承诺期限的,除要约人及时通知受要约人因承诺超过期限不接受该承诺外,该承诺有效。

承诺的内容应当与要约的内容一致。受要约人对要约的内容作出实质性变更的,为新要约。有关合同标的、数量、质量、价款或者报酬、履行期限、履行地点和方式、违约责任和解决争议方法等的变更,是对要约内容的实质性变更。

承诺对要约的内容作出非实质性变更的,除要约人及时表示反对或者要约表明承诺不得对要约的内容作出任何变更外,该承诺有效,合同的内容以承诺的内容为准。

当事人采用合同书形式订立合同的,自当事人均签名、盖章或者按指印时合同成立。在签名、盖章或者按指印之前,当事人一方已经履行主要义务,对方接受时,该合同成立。

法律、行政法规规定或者当事人约定合同应当采用书面形式订立,当事人未采用书面形式但是一方已经履行主要义务,对方接受时,该合同成立。

当事人采用信件、数据电文等形式订立合同要求签订确认书的,签订确认书时合同成立。

当事人一方通过互联网等信息网络发布的商品或者服务信息符合要约条件的,对方选择该商品或者服务并提交订单成功时合同成立,但是当事人另有约定的除外。

承诺生效的地点为合同成立的地点。

采用数据电文形式订立合同的,收件人的主营业地为合同成立的地点;没有主营业地的,其住所地为合同成立的地点。当事人另有约定的,按照其约定。

(三)合同的成立

当事人采用合同书形式订立合同的,最后签名、盖章或者按指印的地点为合同成立的地点,但是当事人另有约定的除外。

国家根据抢险救灾、疫情防控或者其他需要下达国家订货任务、指令性任务的,有关民事主体之间应当依照有关法律、行政法规规定的权利和义务订立合同。

依照法律、行政法规的规定负有发出要约义务的当事人,应当及时发出合理的要约。

依照法律、行政法规的规定负有作出承诺义务的当事人,不得拒绝对方合理的订立合同要求。

当事人约定在将来一定期限内订立合同的认购书、订购书、预订书等,构成预约合同。

当事人一方不履行预约合同约定的订立合同义务的,对方可以请求其承担预约合同的违约责任。

(四)格式条款

格式条款是当事人为了重复使用而预先拟定,并在订立合同时未与对方协商的条款。

采用格式条款订立合同的,提供格式条款的一方应当遵循公平原则确定当事人之间的权利和义务,并采取合理的方式提示对方注意免除或者减轻其责任等与对方有重大利害关系的条款,按照对方的要求,对该条款予以说明。提供格式条款的一方未履行提示或者说明义务,致使对方没有注意或者理解与其有重大利害关系的条款的,对方可以主张该条款不成为合同的内容。

对格式条款的理解发生争议的,应当按照通常理解予以解释。对格式条款有两种以上解释的,应当作出不利于提供格式条款一方的解释。格式条款和非格式条款不一致的,应当采用非格式条款。

悬赏人以公开方式声明对完成特定行为的人支付报酬的,完成该行为的人可以请求其支付。

当事人在订立合同过程中有下列情形之一,造成对方损失的,应当承担赔偿责任:

(1) 假借订立合同,恶意进行磋商。

(2) 故意隐瞒与订立合同有关的重要事实或者提供虚假情况。

(3) 有其他违背诚信原则的行为。

当事人在订立合同过程中知悉的商业秘密或者其他应当保密的信息,无论合同是否成立,不得泄露或者不正当地使用;泄露、不正当地使用该商业秘密或者信息,造成对方损失的,应当承担赔偿责任。

在实践中,订立合同的过程就是双方当事人经过要约、再要约、再要约……承诺的反复协商过程。承诺生效时合同成立。承诺可以撤回。撤回承诺的通知应当在承诺到达要约人前或者与承诺同时到达要约人。

二、合同的形式

当事人订立合同,可以采用书面形式、口头形式或者其他形式。

书面形式是合同书、信件、电报、电传、传真等可以有形地表现所载内容的形式。

以电子数据交换、电子邮件等方式能够有形地表现所载内容,并可以随时调取查用的数据电文,视为书面形式。

三、合同的内容

合同的内容由当事人约定,一般包括下列条款:

(一) 当事人的姓名或者名称和住所

(二) 标的

标的是合同当事人双方权利和义务共同指向的对象。标的可以是物,如买卖合同;可以是行为,如承包合同、委托合同;可以是货币,如借款合同;可以是劳务、行为,如运输合同、仓储保管合同;还可以是工程项目,如建设工程承包合同。没有标的合同无法履行,合同不能成立。

(三) 数量

数量是指数字和计量单位,用来衡量标的的尺度。

(四) 质量

质量是标的内在素质和外观形态的综合,表示产品或工作的优劣程度。

例如,产品质量要求和包装质量要求为:凡有国家强制标准和行业强制标准的,不得低于该标准;没有的由双方协商。供方必须对产品的质量和包装质量负责。

(五) 价款或者报酬

价款或报酬简称价金,它是取得合同标的的一方向对方支付的代价。除国家规定必须执行国家定价的除外,由当事人协商议定。

(六)履行期限、地点和方式

1. 履行期限

履行期限是指合同当事人各方履行合同义务的时间。它是确定合同是否按时履行或迟延履行的客观依据。

2. 履行地点

履行地点是指合同规定履行义务和接受该义务的地点。

3. 履行方式

履行方式是指合同当事人履行义务的具体方法,有以下几种:

(1)按履行义务的次数划分,分为一次履行和多次履行。

(2)按合同义务由谁去履行进行划分,可分为由当事人亲自履行或由他人代为履行。

(3)按交付标的的方式不同,可分为送货、自提、代运三种。

不论采取何种方式,必须作出明确、具体的规定,以避免引起纠纷。

(七)违约责任

违约责任是指当事人一方或双方由于自己的过错造成合同不能履行或不能完全履行时,按照法律或合同约定向对方承担的一种经济责任。

(八)解决争议的方法

在合同中约定解决争议的方法有利于合同争议的解决。可供当事人选择的方式主要有和解、调解、仲裁、诉讼,其中具有实质意义的是仲裁和诉讼。

想一想

合同的内容由当事人约定,一般包括哪些条款?

四、合同的效力

依法成立的合同,自成立时生效,但是法律另有规定或者当事人另有约定的除外。

依照法律、行政法规的规定,合同应当办理批准等手续的,依照其规定。未办理批准等手续影响合同生效的,不影响合同中履行报批等义务条款以及相关条款的效力。应当办理申请批准等手续的当事人未履行义务的,对方可以请求其承担违反该义务的责任。

无权代理人以被代理人的名义订立合同,被代理人已经开始履行合同义务或者接受相对人履行的,视为对合同的追认。

法人的法定代表人或者非法人组织的负责人超越权限订立的合同,除相对人知道或者应当知道其超越权限外,该代表行为有效,订立的合同对法人或者非法人组织发生效力。

合同中的下列免责条款无效:
(1) 造成对方人身损害的。
(2) 因故意或者重大过失造成对方财产损失的。
合同不生效、无效、被撤销或者终止的,不影响合同中有关解决争议方法的条款的效力。

五、合同的变更和转让

(一) 合同的变更

合同的变更有广义和狭义之分,狭义的变更是指合同内容的改变,广义的变更还包括合同主体的变更,即合同的转让。

合同成立后,合同的内容不是绝对不可改变的,经双方当事人协商一致,或者经法院、仲裁机关判裁,可以变更合同内容,如增减给付、改变交付地点、改变标的物种类等。

民法典规定:"当事人协商一致,可以变更合同。当事人对合同变更的内容约定不明确的,推定为未变更。"

(二) 合同的转让

合同的转让是指合同一方将合同的权利、义务全部或部分转让给第三人的法律行为。按照法律规定,当合同一方将合同的权利、义务全部或者部分转让给第三人时,应当取得合同另一方的同意,并不得牟利。合同的权利、义务转让给第三人后,该第三人取代原当事人在合同中的法律地位。

债权人可以将债权的全部或者部分转让给第三人,但是有下列情形之一的除外:
(1) 根据债权性质不得转让。
(2) 按照当事人约定不得转让。
(3) 依照法律规定不得转让。

当事人约定非金钱债权不得转让的,不得对抗善意第三人。当事人约定金钱债权不得转让的,不得对抗第三人。

债权人转让债权,未通知债务人的,该转让对债务人不发生效力。

债权转让的通知不得撤销,但是经受让人同意的除外。

当事人一方经对方同意,可以将自己在合同中的权利和义务一并转让给第三人。

六、合同的解除与终止

(一) 合同的解除

1. 合同解除的概念

合同的解除是指合同成立后,由双方协议,或者由一方当事人做出意思表示停止合同的效力,致使合同终止的法律行为。当事人协商一致,可以解除合同。当事人可以约定一方解除合同的事由。解除合同的事由发生时,解除权人可以解除合同。

2. 可以解除合同的情形

有下列情形之一的,当事人可以解除合同:

(1) 因不可抗力致使不能实现合同目的。

(2) 在履行期限届满前,当事人一方明确表示或者以自己的行为表明不履行主要债务。

(3) 当事人一方迟延履行主要债务,经催告后在合理期限内仍未履行。

(4) 当事人一方迟延履行债务或者有其他违约行为致使不能实现合同目的。

(5) 法律规定的其他情形。

以持续履行的债务为内容的不定期合同,当事人可以随时解除合同,但是应当在合理期限之前通知对方。

法律规定或者当事人约定解除权行使期限,期限届满当事人不行使的,该权利消灭。

法律没有规定或者当事人没有约定解除权行使期限,自解除权人知道或者应当知道解除事由之日起一年内不行使,或者经对方催告后在合理期限内不行使的,该权利消灭。

想一想

有哪些情形,当事人可以解除合同?

(二)合同的终止

合同的终止,是指当事人之间由合同确定的权利、义务,因某种原因而消灭,不再对双方发生作用。合同的终止是随着一定法律事实的发生而发生的。合同的终止有以下几种情况:

1. 合同因履行而终止

履行合同是签订合同的最终目的,一旦当事人按照合同的约定,全面地履行了合同,合同也就完成了它的使命,则合同即行终止。

2. 合同因抵消而终止

当事人互负债务,该债务的标的物种类、品质相同的,任何一方可以将自己的债务与对方的到期债务抵销;但是,根据债务性质、按照当事人约定或者依照法律规定不得抵销的除外。当事人互负债务,标的物种类、品质不相同的,经协商一致,也可以抵销。

3. 合同因提存而终止

债权人无正当理由拒绝债务人履行义务,或债权人下落不明、债权人死亡未确定继承人、遗产管理人,或者丧失民事行为能力未确定监护人等原因,债务人将履行的标的物,按法律规定向有关部门提存的,应当认为债务已经履行。因此,标的物提存后,就不再受合同权利义务的约束,合同法律关系即行终止。债务人将标的物或者将标的物依法拍卖、变卖所得价款交付提存部门时,提存成立。提存成立的,视为债务人在其提存范围内已经交付标的物。

4. 合同因债权人免除债务而终止

债权人免除债务人部分或全部债务的,合同可以终止。

5. 合同因混同而终止

因合同的主体发生变化,本为双方当事人的合同主体,混同为一个民事主体,债权债务同归于一人,原合同失去履行的必要性,合同关系终止。但是损害第三人利益的除外。

6. 法律规定或者当事人约定终止的其他情形

合同解除的,该合同的权利义务关系终止。

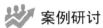

案例研讨

案例2-2：买卖合同纠纷案（一）

案例描述： 2021年1月1日,某商场新进一种净水机,价格定为2598元。柜台组长在制作价签时,误将2598元写为598元。赵某在浏览该柜台时发现该净水机物美价廉,于是用信用卡支付598元购买了一台净水机。一周后,商店盘点时,发现少了2000元,经查是柜台组长标错价签所致。由于赵某用信用卡结算,所以商店查出是赵某少付了净水机货款,遂找到赵某,提出其应补交2000元或退回净水机,商店退还598元。赵某认为彼此的买卖关系已经成立并交易完毕,商店不能反悔,拒绝商店的要求。商店无奈只得向人民法院起诉,要求某补交2000元或返还净水机。

请思考：

（1）商店的诉讼请求有法律依据吗？为什么？

（2）本案应如何处理？

案例2-3：买卖合同纠纷案（二）

案例描述： 张某与李某自2017年开始发生交易,2020年5月,李某从张某处购买了一车木材家具料,货款为21万元,后李某陆续还款,至2021年1月22日,仍欠货款137000元,李某为张某出具欠条,并标明限期为2021年4月30日,在此之前还清。自2021年1月22日开始,李某分别于2021年1月28日、2021年2月23日还款,合计还款30000元,后再未还款,至今尚欠货款107000元。

请运用所学知识对本案进行评析。

单元三　合同的履行和担保

一、合同的履行

(一)合同履行的概念

合同履行是指债务人通过完成合同规定的义务,使债权人的合同权利得以实现的行为。

合同的履行也称为合同的实现和执行。

依法成立的合同,对当事人具有法律约束力。当事人应当按照约定全面履行自己的义务。

当事人应当遵循诚信原则,根据合同的性质、目的和交易习惯履行通知、协助、保密等义务。

当事人在履行合同过程中,应当避免浪费资源、污染环境和破坏生态。

合同生效后,当事人就质量、价款或者报酬、履行地点等内容没有约定或者约定不明确的,可以协议补充;不能达成补充协议的,按照合同相关条款或者交易习惯确定。

订立的合同只有全面履行了,才能真正实现它们有益于国计民生的重大作用,达到订立者的目的。如果全面不履行或者履行得不好(部分不能履行),不但不能保护双方当事人的权益,且还可能扰乱社会主义市场经济秩序,妨碍经济建设,影响人民生活。

(二)当事人就有关合同内容约定不明确,适用下列规定

(1)质量要求不明确的,按照强制性国家标准履行;没有强制性国家标准的,按照推荐性国家标准履行;没有推荐性国家标准的,按照行业标准履行;没有国家标准、行业标准的,按照通常标准或者符合合同目的的特定标准履行。

(2)价款或者报酬不明确的,按照订立合同时履行地的市场价格履行;依法应当执行政府定价或者政府指导价的,依照规定履行。

(3)履行地点不明确,给付货币的,在接受货币一方所在地履行;交付不动产的,在不动产所在地履行;其他标的,在履行义务一方所在地履行。

(4)履行期限不明确的,债务人可以随时履行,债权人也可以随时请求履行,但是应当给对方必要的准备时间。

(5)履行方式不明确的,按照有利于实现合同目的的方式履行。

(6)履行费用的负担不明确的,由履行义务一方负担;因债权人原因增加的履行费用,由债权人负担。

(三)电子合同的履行

通过互联网等信息网络订立的电子合同的标的为交付商品并采用快递物流方式交付的,收货人的签收时间为交付时间。电子合同的标的为提供服务的,生成的电子凭证或者实物凭证中载明的时间为提供服务时间;前述凭证没有载明时间或者载明时间与实际提供服务时间不一致的,以实际提供服务的时间为准。

电子合同的标的物为采用在线传输方式交付的,合同标的物进入对方当事人指定的特定系统且能够检索识别的时间为交付时间。

电子合同当事人对交付商品或者提供服务的方式、时间另有约定的,按照其约定。

(四)合同履行的顺序

法律规定或者当事人约定第三人可以直接请求债务人向其履行债务,第三人未在合理期限内明确拒绝,债务人未向第三人履行债务或者履行债务不符合约定的,第三人可以请求债务人承担违约责任;债务人对债权人的抗辩,可以向第三人主张。

当事人约定由第三人向债权人履行债务,第三人不履行债务或者履行债务不符合约定的,债务人应当向债权人承担违约责任。

债务人不履行债务,第三人对履行该债务具有合法利益的,第三人有权向债权人代为履行;但是,根据债务性质、按照当事人约定或者依照法律规定只能由债务人履行的除外。

债权人接受第三人履行后,其对债务人的债权转让给第三人,但是债务人和第三人另有约定的除外。

当事人互负债务,没有先后履行顺序的,应当同时履行。一方在对方履行之前有权拒绝其履行请求。一方在对方履行债务不符合约定时,有权拒绝其相应的履行请求。

当事人互负债务,有先后履行顺序,应当先履行债务一方未履行的,后履行一方有权拒绝其履行请求。先履行一方履行债务不符合约定的,后履行一方有权拒绝其相应的履行请求。

应当先履行债务的当事人,有确切证据证明对方有下列情形之一的,可以中止履行:

(1)经营状况严重恶化。
(2)转移财产、抽逃资金,以逃避债务。
(3)丧失商业信誉。
(4)有丧失或者可能丧失履行债务能力的其他情形。

当事人没有确切证据中止履行的,应当承担违约责任。

当事人依据前条规定中止履行的,应当及时通知对方。对方提供适当担保的,应当恢复履行。中止履行后,对方在合理期限内未恢复履行能力且未提供适当担保的,视为以自己的行为表明不履行主要债务,中止履行的一方可以解除合同并可以请求对方承担违约责任。

债权人分立、合并或者变更住所没有通知债务人,致使履行债务发生困难的,债务人可以中止履行或者将标的物提存。

债权人可以拒绝债务人提前履行债务,但是提前履行不损害债权人利益的除外。

债务人提前履行债务给债权人增加的费用,由债务人负担。

债权人可以拒绝债务人部分履行债务,但是部分履行不损害债权人利益的除外。

债务人部分履行债务给债权人增加的费用,由债务人负担。

合同生效后,当事人不得因姓名、名称的变更或者法定代表人、负责人、承办人的变动而不履行合同义务。

合同成立后,合同的基础条件发生了当事人在订立合同时无法预见的、不属于商业风险的重大变化,继续履行合同对于当事人一方明显不公平的,受不利影响的当事人可以与对方重新协商;在合理期限内协商不成的,当事人可以请求人民法院或者仲裁机构变更或者解除合同。

二、合同的担保

为促进资金融通和商品流通,保障债权实现,发展社会主义市场经济,在借贷、买卖等民事活动中,债权人需要以担保方式保障其债权实现的,可以依照民法典规定设立担保物权。

第三人为债务人向债权人提供担保的,可以要求债务人提供反担保。

担保物权人在债务人不履行到期债务或者发生当事人约定的实现担保物权的情形,依法享有就担保财产优先受偿的权利,但是法律另有规定的除外。

设立担保物权,应当依照民法典和其他法律的规定订立担保合同。担保合同包括抵押合同、质押合同和其他具有担保功能的合同。担保合同是主债权债务合同的从合同。主债权债务合同无效的,担保合同无效,但是法律另有规定的除外。

担保合同被确认无效后,债务人、担保人、债权人有过错的,应当根据其过错各自承担相应的民事责任。

担保物权的担保范围包括主债权及其利息、违约金、损害赔偿金、保管担保财产和实现担保物权的费用。当事人另有约定的,按照其约定。

担保期间,担保财产毁损、灭失或者被征收等,担保物权人可以就获得的保险金、赔偿金或者补偿金等优先受偿。被担保债权的履行期限未届满的,也可以提存该保险金、赔偿金或者补偿金等。

第三人提供担保,未经其书面同意,债权人允许债务人转移全部或者部分债务的,担保人不再承担相应的担保责任。

被担保的债权既有物的担保又有人的担保的,债务人不履行到期债务或者发生当事人约定的实现担保物权的情形,债权人应当按照约定实现债权;没有约定或者约定不明确,债务人自己提供物的担保的,债权人应当先就该物的担保实现债权;第三人提供物的担保的,债权人可以就物的担保实现债权,也可以请求保证人承担保证责任。提供担保的第三人承担担保责任后,有权向债务人追偿。

担保的方式主要有:抵押、质权、留置、定金。

(一) 抵押

1. 抵押的概念

抵押是指合同当事人一方或一方的保证人,为了担保合同的履行而向对方提供一定财产作抵押。为担保债务的履行,债务人或者第三人对一定期间内将要连续发生的债权提供担保财产的,债务人不履行到期债务或者发生当事人约定的实现抵押权的情形,抵押权人有权在最高债权额限度内就该担保财产优先受偿。

前款规定的债务人或者第三人为抵押人,债权人为抵押权人,提供担保的财产为抵押财产。

以建筑物抵押的,该建筑物占用范围内的建设用地使用权一并抵押。以建设用地使用权抵押的,该土地上的建筑物一并抵押。

乡镇、村企业的建设用地使用权不得单独抵押。以乡镇、村企业的厂房等建筑物抵押的,其占用范围内的建设用地使用权一并抵押。

2. 债务人或者第三人有权处分的下列财产可以抵押

(1) 建筑物和其他土地附着物。
(2) 建设用地使用权。
(3) 海域使用权。
(4) 生产设备、原材料、半成品、产品。
(5) 正在建造的建筑物、船舶、航空器。
(6) 交通运输工具。
(7) 法律、行政法规未禁止抵押的其他财产。

抵押人可以将前款所列财产一并抵押。

3. 抵押合同

设立抵押权，当事人应当采用书面形式订立抵押合同。为担保债务的履行，债务人或者第三人对一定期间内将要连续发生的债权提供担保财产的，债务人不履行到期债务或者发生当事人约定的实现抵押权的情形，抵押权人有权在最高债权额限度内就该担保财产优先受偿。

设立抵押权，当事人应当采用书面形式订立抵押合同。

抵押合同一般包括下列条款：

(1) 被担保债权的种类和数额。

(2) 债务人履行债务的期限。

(3) 抵押财产的名称、数量等情况。

(4) 担保的范围。

抵押权人在债务履行期限届满前，与抵押人约定债务人不履行到期债务时抵押财产归债权人所有的，只能依法就抵押财产优先受偿。

抵押期间，抵押人可以转让抵押财产。当事人另有约定的，按照其约定。抵押财产转让的，抵押权不受影响。

抵押人转让抵押财产的，应当及时通知抵押权人。抵押权人能够证明抵押财产转让可能损害抵押权的，可以请求抵押人将转让所得的价款向抵押权人提前清偿债务或者提存。转让的价款超过债权数额的部分归抵押人所有，不足部分由债务人清偿。

债务人不履行到期债务或者发生当事人约定的实现抵押权的情形，抵押权人可以与抵押人协议以抵押财产折价或者以拍卖、变卖该抵押财产所得的价款优先受偿。协议损害其他债权人利益的，其他债权人可以请求人民法院撤销该协议。

抵押权人与抵押人未就抵押权实现方式达成协议的，抵押权人可以请求人民法院拍卖、变卖抵押财产。

抵押财产折价或者变卖的，应当参照市场价格。

债务人不履行到期债务或者发生当事人约定的实现抵押权的情形，致使抵押财产被人民法院依法扣押的，自扣押之日起，抵押权人有权收取该抵押财产的天然孳息或者法定孳息，但是抵押权人未通知应当清偿法定孳息义务人的除外。

小知识

下列财产不得抵押：

(1) 土地所有权。

(2) 宅基地、自留地、自留山等集体所有土地的使用权，但是法律规定可以抵押的除外。

(3) 学校、幼儿园、医疗机构等为公益目的成立的非营利法人的教育设施、医疗卫生设施和其他公益设施。

(4) 所有权、使用权不明或者有争议的财产。

(5) 依法被查封、扣押、监管的财产。

(6) 法律、行政法规规定不得抵押的其他财产。

(二)质权

1. 质权包括动产质权和权利质权

为担保债务的履行,债务人或者第三人将其动产出质给债权人占有的,债务人不履行到期债务或者发生当事人约定的实现质权的情形,债权人有权就该动产优先受偿。

前款规定的债务人或者第三人为出质人,债权人为质权人,交付的动产为质押财产。

权利质权是指出质人将自有的有价证券、知识产权等权利出质。

2. 债务人或者第三人有权处分的下列权利可以出质

(1)汇票、本票、支票。

(2)债券、存款单。

(3)仓单、提单。

(4)可以转让的基金份额、股权。

(5)可以转让的注册商标专用权、专利权、著作权等知识产权中的财产权。

(6)现有的以及将有的应收账款。

(7)法律、行政法规规定可以出质的其他财产权利。

3. 质权与抵押的区别

质押物必须移交给质权人占有,而抵押一般不转移物的占有,即仍由抵押人占有,但抵押人在未履行合同前不得随意处分抵押物。

法律、行政法规禁止转让的动产不得出质。

4. 质押合同

设立质权,当事人应当采用书面形式订立质押合同。

质押合同一般包括下列条款:

(1)被担保债权的种类和数额。

(2)债务人履行债务的期限。

(3)质押财产的名称、数量等情况。

(4)担保的范围。

(5)质押财产交付的时间、方式。

质权人在债务履行期限届满前,与出质人约定债务人不履行到期债务时质押财产归债权人所有的,只能依法就质押财产优先受偿。

> **小知识**
>
> 债务人或者第三人有权处分的下列权利可以出质:
> (1)汇票、本票、支票。
> (2)债券、存款单。
> (3)仓单、提单。

(4)可以转让的基金份额、股权。
(5)可以转让的注册商标专用权、专利权、著作权等知识产权中的财产权。
(6)现有的以及将有的应收账款。
(7)法律、行政法规规定可以出质的其他财产权利。

(三)留置

留置是按照合同的约定,一方占有对方的财产,如果对方不按照约定期限给付应付款,占有人有权依照法律手续将该财产变卖,从变卖的价款中优先得到偿还。

债务人不履行到期债务,债权人可以留置已经合法占有的债务人的动产,并有权就该动产优先受偿。前款规定的债权人为留置权人,占有的动产为留置财产。

留置权人负有妥善保管留置财产的义务;因保管不善致使留置财产毁损、灭失的,应当承担赔偿责任。

留置权人有权收取留置财产的孳息。孳息应当先充抵收取孳息的费用。

留置权人与债务人应当约定留置财产后的债务履行期限;没有约定或者约定不明确的,留置权人应当给债务人六十日以上履行债务的期限,但是鲜活易腐等不易保管的动产除外。债务人逾期未履行的,留置权人可以与债务人协议以留置财产折价,也可以就拍卖、变卖留置财产所得的价款优先受偿。

留置财产折价或者变卖的,应当参照市场价格。

债务人可以请求留置权人在债务履行期限届满后行使留置权;留置权人不行使的,债务人可以请求人民法院拍卖、变卖留置财产。

留置财产折价或者拍卖、变卖后,其价款超过债权数额的部分归债务人所有,不足部分由债务人清偿。

同一动产上已经设立抵押权或者质权,该动产又被留置的,留置权人优先受偿。

留置权人对留置财产丧失占有或者留置权人接受债务人另行提供担保的,留置权消灭。

(四)定金

定金是指一方为了担保合同的履行,预先付给对方的一定数量的货币。

当事人可以约定一方向对方给付定金作为债权的担保。定金合同自实际交付定金时成立。

定金的数额由当事人约定;但是,不得超过主合同标的额的百分之二十,超过部分不产生定金的效力。实际交付的定金数额多于或者少于约定数额的,视为变更约定的定金数额。

债务人履行债务的,定金应当抵作价款或者收回。给付定金的一方不履行债务或者履行债务不符合约定,致使不能实现合同目的的,无权请求返还定金;收受定金的一方不履行债务或者履行债务不符合约定,致使不能实现合同目的的,应当双倍返还定金。

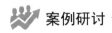

案例研讨

案例2-4：合同履行案

案例描述：2021年3月1日，A公司与B公司签订购销合同，购买B公司价值100万元的电脑设备，合同约定A公司预付50万元货款，款到后10日内供货。合同签订后，B公司因欠数家银行贷款，办公场所、库存商品、银行账户相继被人民法院查封、冻结，无法履行与A公司的合同。为此，A公司决定拒付预付款，解除合同。B公司提出，A公司拒付预付款，违约在先，应承担违约责任，要求A公司支付预付款20%的违约金。A公司认为拒付预付款解除合同的原因在于B公司，不同意支付违约金。

请思考：A公司是否应承担违约责任？

单元四　合同的保全和违约责任

一、合同的保全

因债务人怠于行使其债权或者与该债权有关的从权利，影响债权人的到期债权实现的，债权人可以向人民法院请求以自己的名义代位行使债务人对相对人的权利，但是该权利专属于债务人自身的除外。

代位权的行使范围以债权人的到期债权为限。债权人行使代位权的必要费用，由债务人负担。

相对人对债务人的抗辩，可以向债权人主张。

债权人的债权到期前，债务人的债权或者与该债权有关的从权利存在诉讼时效期间即将届满或者未及时申报破产债权等情形，影响债权人的债权实现的，债权人可以代位向债务人的相对人请求其向债务人履行、向破产管理人申报或者作出其他必要的行为。

人民法院认定代位权成立的，由债务人的相对人向债权人履行义务，债权人接受履行后，债权人与债务人、债务人与相对人之间相应的权利义务终止。债务人对相对人的债权或者与该债权有关的从权利被采取保全、执行措施，或者债务人破产的，依照相关法律的规定处理。

债务人以放弃其债权、放弃债权担保、无偿转让财产等方式无偿处分财产权益，或者恶意延长其到期债权的履行期限，影响债权人的债权实现的，债权人可以请求人民法院撤销债务人的行为。

债务人以明显不合理的低价转让财产、以明显不合理的高价受让他人财产或者为他人的债务提供担保，影响债权人的债权实现，债务人的相对人知道或者应当知道该情形的，债权人可以请求人民法院撤销债务人的行为。

撤销权的行使范围以债权人的债权为限。债权人行使撤销权的必要费用，由债务人负担。

撤销权自债权人知道或者应当知道撤销事由之日起一年内行使。自债务人的行为发生之日起五年内没有行使撤销权的,该撤销权消灭。

债务人影响债权人的债权实现的行为被撤销的,自始没有法律约束力。

二、违约责任

当事人一方不履行合同义务或者履行合同义务不符合约定的,应当承担继续履行、采取补救措施或者赔偿损失等违约责任。

1. 预期违约责任

当事人一方明确表示或者以自己的行为表明不履行合同义务的,对方可以在履行期限届满前请求其承担违约责任。

2. 金钱债务实际履行责任

当事人一方未支付价款、报酬、租金、利息,或者不履行其他金钱债务的,对方可以请求其支付。

3. 非金钱债务实际履行责任及违约责任

当事人一方不履行非金钱债务或者履行非金钱债务不符合约定的,对方可以请求履行,但是有下列情形之一的除外:

(1)法律上或者事实上不能履行。

(2)债务的标的不适于强制履行或者履行费用过高。

(3)债权人在合理期限内未请求履行。

有前款规定的除外情形之一,致使不能实现合同目的的,人民法院或者仲裁机构可以根据当事人的请求终止合同权利义务关系,但是不影响违约责任的承担。

4. 替代履行

当事人一方不履行债务或者履行债务不符合约定,根据债务的性质不得强制履行的,对方可以请求其负担由第三人替代履行的费用。

5. 瑕疵履行违约责任

履行不符合约定的,应当按照当事人的约定承担违约责任。对违约责任没有约定或者约定不明确,依据本法第五百一十条的规定仍不能确定的,受损害方根据标的的性质以及损失的大小,可以合理选择请求对方承担修理、重作、更换、退货、减少价款或者报酬等违约责任。

6. 违约损害赔偿责任

当事人一方不履行合同义务或者履行合同义务不符合约定的,在履行义务或者采取补救措施后,对方还有其他损失的,应当赔偿损失。

7. 损害赔偿范围

当事人一方不履行合同义务或者履行合同义务不符合约定,造成对方损失的,损失赔偿额应当相当于因违约所造成的损失,包括合同履行后可以获得的利益;但是,不得超过违约一方订立合同时预见到或者应当预见到的因违约可能造成的损失。

8. 违约金

当事人可以约定一方违约时应当根据违约情况向对方支付一定数额的违约金,也可以约定因违约产生的损失赔偿额的计算方法。

约定的违约金低于造成的损失的,人民法院或者仲裁机构可以根据当事人的请求予以增加;约定的违约金过分高于造成的损失的,人民法院或者仲裁机构可以根据当事人的请求予以适当减少。

当事人就迟延履行约定违约金的,违约方支付违约金后,还应当履行债务。

9. 定金担保

当事人可以约定一方向对方给付定金作为债权的担保。定金合同自实际交付定金时成立。

定金的数额由当事人约定;但是,不得超过主合同标的额的百分之二十,超过部分不产生定金的效力。实际交付的定金数额多于或者少于约定数额的,视为变更约定的定金数额。

10. 定金罚则

债务人履行债务的,定金应当抵作价款或者收回。给付定金的一方不履行债务或者履行债务不符合约定,致使不能实现合同目的的,无权请求返还定金;收受定金的一方不履行债务或者履行债务不符合约定,致使不能实现合同目的的,应当双倍返还定金。

11. 违约金与定金竞合时的责任

当事人既约定违约金,又约定定金的,一方违约时,对方可以选择适用违约金或者定金条款。

定金不足以弥补一方违约造成的损失的,对方可以请求赔偿超过定金数额的损失。

12. 拒绝受领和受领迟延

债务人按照约定履行债务,债权人无正当理由拒绝受领的,债务人可以请求债权人赔偿增加的费用。

在债权人受领迟延期间,债务人无须支付利息。

13. 不可抗力

当事人一方因不可抗力不能履行合同的,根据不可抗力的影响,部分或者全部免除责任,但是法律另有规定的除外。因不可抗力不能履行合同的,应当及时通知对方,以减轻可能给对方造成的损失,并应当在合理期限内提供证明。

当事人迟延履行后发生不可抗力的,不免除其违约责任。

14. 减损规则

当事人一方违约后,对方应当采取适当措施防止损失的扩大;没有采取适当措施致使损失扩大的,不得就扩大的损失请求赔偿。

当事人因防止损失扩大而支出的合理费用,由违约方负担。

15. 双方违约和与有过失

当事人都违反合同的,应当各自承担相应的责任。

当事人一方违约造成对方损失,对方对损失的发生有过错的,可以减少相应的损失赔偿额。

16. 第三人原因造成违约时违约责任承担

当事人一方因第三人的原因造成违约的,应当依法向对方承担违约责任。当事人一方和第三人之间的纠纷,依照法律规定或者按照约定处理。

17. 国际贸易合同诉讼时效和仲裁时效

因国际货物买卖合同和技术进出口合同争议提起诉讼或者申请仲裁的时效期间为四年。

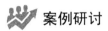

案例研讨

案例2-5:撤销合同案

案例描述:某山区农民赵某家中有一花瓶,系赵某的祖父留下。2021年2月20日,李某通过他人得知赵某家有一清朝花瓶,遂上门索购。赵某不知该花瓶真实价值,李某用15000元将花瓶买下。随后,李某将该花瓶送至某拍卖行进行拍卖,卖得价款11万元。赵某在一个月后得知此事,认为李某欺骗了自己,通过许多渠道找到李某,要求李某退回花瓶。李某以买卖花瓶是双方自愿,不存在欺骗为由,拒绝赵某的请求。经人指点,赵某到李某所在地人民法院提起诉讼,请求撤销合同,并要求李某返还该花瓶。

请思考:赵某的诉讼请求有无法律依据?为什么?

案例2-6:协议变更案

案例描述:2021年5月20日,甲企业与乙企业达成口头协议,由乙企业在半年之内供应甲企业50吨钢材。三个月后,乙企业以原定钢材价格过低为由要求加价,并提出如果甲企业表示同意,双方立即签订书面合同,否则,乙企业将不能按期供货。甲企业表示反对,并声称如乙企业到期不履行协议,将向法院起诉。

请思考:此案中,双方当事人签订的合同有无法律效力?为什么?

案例2-7:走私合同案

案例描述:2021年4月20日,甲公司与乙公司签订了一份秘密从境外购买免税香烟并运至国内销售的合同。甲公司依双方约定,按期将香烟运至境内,但乙公司提走货物后,以目前账上无钱为由,要求暂缓支付货款,甲公司同意。三个月后,乙公司仍未支付货款,甲公司多次索要无果,遂向当地人民法院起诉,要求乙公司支付货款并支付违约金。

请思考:

(1)该合同是否具有法律效力?为什么?

(2)该案应如何处理?

案例2-8:拒绝支付余款案

案例描述:2021年3月3日,甲公司与乙公司签订了一份买卖木材合同,合同约定买方甲公司应在合同生效后15日内向卖方乙公司支付40%的预付款,乙公司收到预付款后3日内发货至甲公司,甲公司对货物验收后即结清余款。乙公司收到甲公司40%预付款后的2日即发货至甲公司,但甲公司收到货物后经验收发现木材质量不符合合同约定,遂及时通知乙公司并拒绝支付余款。

请思考：

(1) 甲公司拒绝支付余款是否合法？

(2) 甲公司的行为若合法，法律依据是什么？

(3) 甲公司行使的是什么权利？若行使该权利，必须具备什么条件？

复习思考题

1. 什么是合同？
2. 民法典中确认的典型合同有哪些？
3. 何谓要约？
4. 何谓承诺？
5. 什么是格式条款？
6. 订立合同有哪几种形式？
7. 合同的主要条款有哪些？
8. 什么是合同的履行？
9. 什么是抵押？哪些财产可以抵押？
10. 抵押合同一般包括哪些条款？
11. 哪些情形下当事人可以解除合同？

模块三
《中华人民共和国铁路法》知识

模块描述

本模块主要介绍《中华人民共和国铁路法》(以下简称《铁路法》)的立法宗旨和适用范围,介绍在铁路运输过程中承运人、托运人、收货人、旅客各方的权利、义务,介绍《铁路法》中关于铁路建设和铁路安全与保护的相关规定,以及违反《铁路法》应承担的法律责任。

教学目标

1. 知识目标
(1) 掌握《铁路法》的立法时间、目的;掌握《铁路法》规定的各方权利义务。
(2) 掌握铁路运输过程中的损害赔偿问题;了解铁路运输合同。
(3) 了解铁路运输安全与保护的相关规定;熟悉违反《铁路法》的法律责任。

2. 能力目标
(1) 能按照《铁路法》的规定,顺利完成旅客和货物运输任务,依法加强铁路安全管理,确保铁路运输安全畅通;维护人民生命财产安全。
(2) 能依据《铁路法》,组织安全运输,维护站、车治安。
(3) 借助其他法律、法规解决铁路运输过程中出现的各种问题。

3. 素质目标
培养依法办事的意识和能力,增强责任意识,做知法、懂法、守法的优秀铁路员工。

建议学时

8 学时。

案例导入

1. 案例简介

2018 年 10 月,库尔勒铁路运输检察院在铁路线下安全隐患排查及开展"三项安全"专项活动中发现,库车××砂石料有限公司在渭干河铁路大桥下游河道内距桥梁 30 米处(南疆铁路线 K769+296)违法采砂,形成宽 450 米、长 30 米、深 4.5 米的巨大深坑,改变了河道的河床结构和自然流向,破坏了渭干河自然生态,改变了河道正常的冲淤规律和河流自身的稳定性,降低了铁路桥梁的泄洪能力,严重影响了铁路行车安全,侵害了国家和社会公共利益。阿克苏地区渭干河流域管理局作为负有监管职责的行政机关,怠于履职。

库尔勒铁路运输检察院经立案调查核实,向阿克苏地区渭干河流域管理局发出检察建议:一、采取有效措施,责令××砂石料有限公司立即停止河道采砂行为;二、进行回填,限期恢复渭干河铁路大桥下游河道原状及河流的原有流向;三、疏通渭干河铁路大桥泄洪通道;四、加大对渭干河以及渭干河铁路桥上下游采砂的监督管理,防止监管缺位。

阿克苏地区渭干河流域管理局收到检察建议后,高度重视,迅速召开会议,制定了整改方案并成立专门小组督促落实。按照检察建议书的整改要求,向××砂石料有限公司下发限期整改通知书,多次派人督促回填、修复整改、认真检查、验收。库尔勒铁路运输检察院多次跟踪回访,确认河道内无违法采砂行为、河道已恢复原状、铁路泄洪通道及桥墩均修复完毕。该案的办理产生了较大的警示作用,自本案成功办理后,南疆铁路沿线再未发现在铁路桥下违规采砂的情况,多个采砂场业主对已经形成的沙坑自觉进行回填,对遭受破坏的铁路桥及时进行了修复。

2. 案例评析

本案的成功办理,恢复了河流自然生态,消除了长期威胁铁路运输安全的重大隐患,是铁路检察机关发挥职能作用,实现公益保护与车轮安全双赢、多赢、共赢的典范,是检察机关服务"一带一路"建设富有成效的探索和实践。一方面,恢复了渭干河的自然流向、河床结构,保护了该河流局部生态环境;另一方面,通过督促行政机关履职,疏通了铁路桥的泄洪通道,恢复了桥基的稳定性,从而消除了铁路行车重大安全隐患。

地方政府有关部门与铁路部门应相互配合,严格执行《中华人民共和国铁路法》《中华人民共和国河道管理条例》《铁路安全管理条例》《国务院关于保护铁路设施确保铁路运输安全畅通的通知》(国发[1982]151号)等法律及规定,规范河道管理范围内的采砂、取土、淘金、弃置砂石或者淤泥等活动,严厉打击不法采砂行为。

单元一 《中华人民共和国铁路法》概述

一、立法目的及铁路运输法规简介

铁路是国民经济的大动脉,在我国各种交通方式中占有特别重要的位置,在我国社会主义建设中起着重要作用。铁路运输是指利用铁路线路、机车、车辆等运输设施设备进行运输生产活动,其目的是完成人与货物的空间位移。根据运输对象的不同可将铁路运输分为铁路旅客运输和铁路货物运输。

为了保障铁路运输和铁路建设的顺利进行,适应社会主义现代化建设和人民生活的需要,必须制定相应的法律法规。

铁路运输法规是指国家立法机关为了加强铁路运输管理而颁布的法律以及国家按有关规定发布的行政法规和规章,它是集行政法、民法和经济法为一体的法律规范的总称。

铁路运输法规涉及与铁路规划、建设、养护、运营和管理等有关方面的职责、权利和义务，用于调整与铁路运输有关的各种关系。

制定铁路运输法规的目的是维护国家利益，规范铁路运输秩序，保护公民法人和其他单位的合法权益。《中华人民共和国铁路法》是应铁路运输管理需求而产生的，经立法机关依立法程序产生。

我国铁路运输法规的构成体系：法律[铁路法行政法规（两部）]、地方性法规/行政规章（如《铁路货物运输规程》《铁路旅客运输规程》等）。

二、时间效力

《铁路法》于1990年9月7日由第七届全国人民代表大会常务委员会第十五次会议通过，自1991年5月1日起开始施行，是我国第一部管理铁路的法律，也是我国调整铁路运输关系的基本法。随后，《铁路法》于2009年8月27日根据第十一届全国人民代表大会常务委员会第十次会议《关于修改部分法律的决定》进行了第一次修正，于2015年4月24日根据第十二届全国人民代表大会常务委员会第十四次会议《关于修改〈中华人民共和国义务教育法〉等五部法律的决定》进行了第二次修正。

想一想

现行《铁路法》何时开始施行，最后一次修正时间是何时？

三、空间效力

《铁路法》是调整政府机关、企事业单位、其他社会团体以及公民与铁路运输企业在铁路运输营业、铁路运输管理、铁路建设及铁路安全与防护等方面建立的各种社会关系的法律规范。

我国铁路共分为四种，即国家铁路、地方铁路、专用铁路和铁路专用线。《铁路法》所称的是指我国大陆上的铁路，不包括台湾、香港的铁路。

国家铁路是指国务院铁路主管部门管理的铁路。

地方铁路是指由地方人民政府管理的铁路。

专用铁路一般是指由比较大的工矿企业自己修建的专为本单位内部提供运输服务的铁路。如鞍山钢铁公司、大连港务局等单位均有专用铁路。专用铁路一般都自备机车和车辆，内设许多小型车站，供运输时使用。

铁路专用线是指由企业或者其他单位管理的与国家铁路或者其他铁路线路接轨的岔线。它与专用铁路相比无论规模还是运输量上都比较小，通常仅仅是一条岔线。

四、铁路发展政策

铁路是国民经济大动脉、关键基础设施和重大民生工程，是综合交通运输体系的骨干和主要运输方式之一，在我国经济社会发展中的地位和作用至关重要。加强现代化铁路建设，对扩大铁路运输有效供给,构建现代综合交通运输体系,建设交通强国,实现"两个一百年"奋斗目标和中华民族伟大复兴的中国梦,具有十分重要的意义。要面向人民生命健康,坚持人民至上、生命至上,加强铁路运输服务、安全、绿色等技术创新,提高运输服务品质和安全保障能力,创造清洁美丽的生态环境,更好满足人民群众美好生活需要。

"十四五"时期是我国全面建成小康社会、实现第一个百年奋斗目标之后,乘势而上开启全面建设社会主义现代化国家新征程、向第二个百年奋斗目标进军的第一个五年,也是加快交通强国建设、推动铁路高质量发展的关键时期。要建设现代化综合交通运输体系,推进各种运输方式一体化融合发展,提高网络效应和运营效率;完善综合运输大通道,加强出疆入藏、中西部地区、沿江沿海沿边战略骨干通道建设,有序推进能效紧张通道升级扩容,加强与周边国家互联互通;构建快速网,基本贯通"八纵八横"高速铁路。

到 2025 年,我国铁路创新能力、科技实力将进一步提升,技术装备更加先进适用,工程建造技术持续领先,运输服务技术水平显著增强,智能铁路技术全面突破,安全保障技术明显提升,绿色低碳技术广泛应用,创新体系更加完善,总体技术水平世界领先。

案例研讨

案例 3-1:禁牧区放养马群侵入铁路线路安全保护区案

案例描述:包兰铁路是我国第一条沙漠铁路。然而,建成后,包兰铁路中宁县石空镇至余丁乡区段多次发生村民放养马匹跨越铁道、逼停列车事故,特别是 2019 年 4 月至 2020 年 5 月,据不完全统计,至少发生 14 次马群在铁路边食草、穿越等危险情形,并发生 3 次逼停列车事件,不仅破坏沙漠铁路沿线生态环境,也严重影响铁路行车安全。2020 年 4 月,甘肃省人民检察院兰州铁路运输分院经调查查明,涉案地段的马匹主要为中宁县余丁乡金沙村村民饲养。银川铁路运输检察院对中宁县自然资源局和中宁县余丁乡政府以行政公益诉讼正式立案。同年 5 月 29 日,该院联合中宁县政法委、护路办共同主持召开安全隐患整治推进会,宁夏回族自治区护路办、兰州局集团公司银川工务段、中宁县自然资源局、余丁乡政府以及金沙村等 4 个村委会干部和 20 余名养马村民代表参加会议。银川铁检院在会上向中宁县自然资源局和余丁乡政府公开宣读并送达诉前检察建议,建议其依法履行禁牧封育管护职责,对违反者进行处罚,做好村民教育监管;加强与铁路部门日常沟通,及时发现并消除影响铁路安全隐患。中宁县自然资源局和余丁乡政府承诺将加大监管和处罚力度,消除铁路安全隐患。同时,检察机关还结合铁路安全事故案例和图片,对村民们进行现场法治宣传。村民们当场签订承诺书,并承诺尽快将马匹送到相邻的内蒙古牧区寄养或出售,对不能及时处理的进行圈养,保证不在铁路线路安全保护区范围内放牧散养。

请思考:本案中,部分牧民在禁牧区放养马匹,违反了哪些规定?

小知识

中国第一条铁路

中国第一条小铁路——1865 年,英国商人杜兰德在北京宣武门外沿着护城河修建了一条一里长"展览铁路"德小铁路,这是中国最早出现的一条铁路。

中国第一条营业铁路——1876年,上海怡和洋行英商在未征得清政府同意的情况下,采取欺骗手段在上海擅自修建了淞沪铁路(从吴淞到上海),于1876年7月建成通车,全长15公里,经营了一年多时间,这是中国最早办理客货运输业务的铁路。

中国人自己修筑的第一条铁路——唐胥铁路。1881年开始修建的唐山至胥各庄铁路,是真正成功并保存下来加以实际应用的第一条铁路,揭开了中国自主修建铁路的序幕。

中国自主设计并建造的第一条铁路——京张铁路(丰台柳村—张家口)。京张铁路总设计师:詹天佑(1861—1919),江西婺源人。我国杰出的爱国工程师、铁路工程专家。京张铁路于1906年开工建设,1909年建成通车。

中国第一条商业运行的磁浮线路——上海轨道交通2号线的龙阳路站到浦东国际机场站段线路,全长29.8公里,最高时速430公里,全程运行时间只需8分钟,2003年1月4日正式开始商业运营。这也是世界第一条商业运营的磁浮线路。

中国第一条跨海铁路——2004年12月,中国首条跨海铁路粤海铁路正式开通客运。粤海铁路自广东省湛江市至海安镇,经琼州海峡至海南省海口市,沿叉河西环铁路途经澄迈县、儋州市至叉河车站,全长345公里,与既有线叉河至三亚铁路接轨。

中国第一条穿越沙漠的铁路——包兰铁路。1958年8月1日,包兰铁路建成通车,它是我国国民经济建设第一个五年计划规划修建的一级铁路干线,也是中国第一条穿越茫茫腾格里沙漠的铁路。

中国第一条电气化铁路——宝成铁路,于1960年5月建成,于1961年8月15日正式运营,全长668.2公里,北起陕西宝鸡,南到四川成都,中间与成渝铁路及成昆铁路衔接,是一条工程艰巨的铁路。

单元二 铁路运输营业

一、铁路运输企业、托运人、收货人、旅客的权利和义务

铁路运输企业必须坚持社会主义经营方向和为人民服务的宗旨,改善经营管理,切实改进路风,提高运输服务质量。

铁路运输企业的基本义务就是要为旅客、托运人和收货人提供运输服务。因此,铁路运输企业应当始终把为人民服务作为自己的宗旨,为旅客、托运人、收货人提供优质的服务;不断改变服务方式,与时俱进,优质、高效地为大众提供服务。铁路运输企业应当保证旅客和货物运输的安全,做到列车正点到达国家铁路和地方铁路,根据发展生产、搞活流通的原则,安排货物运输计划;对抢险救灾物资和国家规定需要优先运输的其他物资,应予优先运输。国家铁路、地方铁路和专用铁路印制使用的旅客、货物运输票证,禁止伪造和变造。禁止倒卖旅客车票和其他铁路运输票证。铁路运输企业应当保证旅客和货物运输的安全,做到列车正点到达。

(一)铁路运输企业的权利和义务

1. 铁路运输企业的权利

(1)铁路运输企业有权依照合同规定,向旅客收取客票票款,向托运人收取运费、杂费,托运人不按规定交付运杂费的,有权拒绝承运,有权向逾期领取货物、包裹、行李的收货人、旅客收取保管费。

(2)铁路运输企业有权对托运人填报的货物、行李、包裹的品名、重量、数量进行检查,有权要求托运人补交因申报不实而少交的运费和其他费用,有权按照国务院铁路主管部门的规定加收运费和其他费用。

(3)托运货物需要包装的,托运人应当按照国家包装标准或者行业包装标准包装;没有国家包装标准或者行业包装标准的,应当妥善包装,使货物在运输途中不因包装原因而受损坏。托运人对托运的货物不按规定进行包装的,承运人有权拒绝承运。

(4)对无票乘车或者持失效车票乘车的,应当补收票款,并按照规定加收票款,拒不交付的,铁路运输企业可以责令下车。

(5)因旅客、托运人或者收货人的责任给铁路运输企业造成财产损失的,由旅客、托运人或者收货人承担赔偿责任。

2. 铁路运输企业的义务

(1)铁路运输企业应当保证旅客和货物运输的安全,做到列车正点到达。

(2)铁路运输企业应当保证旅客按车票载明的日期、车次乘车,并到达目的站。因铁路运输企业的责任造成旅客不能按车票载明的日期、车次乘车的,铁路运输企业应当按照旅客的要求,退还全部票款或者安排改乘到达相同目的站的其他列车。

(3)铁路运输企业应当采取有效措施做好旅客运输服务工作,做到文明礼貌、热情周到,保持车站和车厢内的清洁卫生,提供饮用开水,做好列车上的饮食供应工作。

(4)铁路运输企业应当采取措施,防止对铁路沿线环境的污染。

(5)铁路运输企业应当按照合同约定的期限或者国务院铁路主管部门规定的期限,将货物、包裹、行李运到目的站;逾期运到的,铁路运输企业应当支付违约金。

铁路运输企业逾期三十日仍未将货物、包裹、行李交付收货人或者旅客的,托运人、收货人或者旅客有权按货物、包裹、行李灭失向铁路运输企业要求赔偿。

(6)除法律规定可以免责的以外,铁路运输企业应当对承运的货物、包裹、行李自接受承运时起到交付时止发生的灭失、短少、变质、污染或者损坏,承担赔偿责任。因检查而造成货物损坏时,应当赔偿损失。

(7)铁路运输企业对承运的容易腐烂变质的货物和活动物,应当按照国务院铁路主管部门的规定和合同的约定,采取有效的保护措施。

(二)托运人的权利和义务

1. 托运人的权利

(1)托运人或者旅客根据自愿可以向保险公司办理货物运输保险,保险公司按照保险合同的约定承担赔偿责任。

托运人或者旅客根据自愿,可以办理保价运输,也可以办理货物运输保险;还可以既不办理保价运输,也不办货物运输保险。不得以任何方式强迫办理保价运输或者货物运输保险。

(2)有权要求铁路运输企业按照合同约定的期限或者国务院铁路主管部门规定的期限,将货物、包裹、行李运到目的站,逾期运到的,有权要求铁路运输企业支付违约金。由于承运人的责任造成货物毁损、灭失时,有权要求承运人支付赔偿金。

(3)在承运人将货物交付收货人之前,有权要求承运人中止运输、返还货物、变更到达地或者将货物交给其他收货人。

2.托运人的义务

(1)旅客乘车应当持有效车票。对无票乘车或者持失效车票乘车的,应当补收票款,并按照规定加收票款;拒不交付的,铁路运输企业可以责令下车。

(2)托运人应当按照运输合同约定的时间和要求向承运人交付托运的货物。

(3)托运人应当如实填报托运单,铁路运输企业有权对填报的货物和包裹的品名、重量、数量进行检查。经检查,申报与实际不符的,检查费用由托运人承担;申报与实际相符的,检查费用由铁路运输企业承担,因检查对货物和包裹中的物品造成的损坏由铁路运输企业赔偿。

(4)托运人因申报不实而少交的运费和其他费用应当补交,铁路运输企业按照国务院铁路主管部门的规定加收运费和其他费用。

(5)托运货物需要包装的,托运人应当按照国家包装标准或者行业包装标准包装;没有国家包装标准或者行业包装标准的,应当妥善包装,使货物在运输途中不因包装原因而受损坏。

(6)货物、包裹、行李到站后,收货人或者旅客应当按照国务院铁路主管部门规定的期限及时领取,并支付托运人未付或者少付的运费和其他费用;逾期领取的,收货人或者旅客应当按照规定交付保管费。

(7)托运、承运货物、包裹、行李,必须遵守国家关于禁止或者限制运输物品的规定。

(8)合同约定自行装载货物时,应按规定及时完成装载作业。

(9)在运输中需要特殊照料的货物,须派人押运。

(10)按规定向承运人支付运输费用。托运人因申报不实而少交的运费和其他费用应当补交,铁路运输企业按照国务院铁路主管部门的规定加收运费和其他费用。

(11)按规定需要凭证运输的货物,托运人应出示有关证件。

(12)因托运人的责任给铁路运输企业造成财产损失的,由托运人承担赔偿责任。

(三)收货人的权利和义务

1.收货人的权利

(1)有权在货物到达后凭有关凭证领取货物。

(2)在领取货物时,发现运单与实际不符的,有权查询,发现货物短少、损坏的,有权要求赔偿。

(3)铁路运输企业逾期三十日仍未将货物、包裹、行李交付收货人或者旅客的,托运人、收货人或者旅客有权按货物、包裹、行李灭失向铁路运输企业要求赔偿。

2. 收货人的义务

(1) 合同约定自行卸载货物时,应按规定及时完成卸载作业。

(2) 铁路、水路运输规定卸载后需要由收货人对运输工具洗刷消毒的应进行洗刷消毒。

(3) 货物、包裹、行李到站后,收货人或者旅客应当按照国务院铁路主管部门规定的期限及时领取,并支付托运人未付或者少付的运费和其他费用,逾期领取的,收货人应当按照规定交付保管费。

(4) 因收货人的责任给铁路运输企业造成财产损失的,由收货人承担赔偿责任。

(四) 旅客的权利和义务

1. 旅客的权利

(1) 旅客有权要求按车票载明的日期、车次乘车,并到达目的站。因铁路运输企业的责任造成旅客不能按车票载明的日期、车次乘车的,旅客有权要求铁路运输企业退还全部票款或者安排改乘到达相同目的站的其他列车。

(2) 对于由于铁路运输企业的责任造成的行李逾期到达,旅客有权要求支付违约金。铁路运输企业逾期三十日仍未将包裹、行李交付收货人或者旅客的,托运人或者旅客有权按货物、包裹、行李灭失向铁路运输企业要求赔偿。

2. 旅客的义务

(1) 旅客乘车应当持有效车票。对无票乘车或者持失效车票乘车的,应当补收票款,并按照规定加收票款;拒不交付的,铁路运输企业可以责令下车。

(2) 包裹、行李到站后,托运行李、包裹的旅客应当按照国务院铁路主管部门规定的期限及时领取,并支付托运人未付或者少付的运费和其他费用。逾期领取的,收货人或旅客应当按照规定交付保管费。

(3) 因旅客的责任给铁路运输企业造成财产损失的,由旅客承担赔偿责任。

二、铁路货物运输过程中的损害赔偿

(一) 保价与保险

铁路运输企业应当对承运的货物、包裹、行李自接受承运时起到交付时止发生的灭失、短少、变质、污染或者损坏,承担赔偿责任:

(1) 托运人或者旅客根据自愿申请办理保价运输的,按照实际损失赔偿,但最高不超过保价额。

(2) 未按保价运输承运的,按照实际损失赔偿,但最高不超过国务院铁路主管部门规定的赔偿限额;如果损失是由于铁路运输企业的故意或者重大过失造成的,不适用赔偿限额的规定,按照实际损失赔偿。

托运人或者旅客根据自愿可以向保险公司办理货物运输保险,保险公司按照保险合同的约定承担赔偿责任。托运人或者旅客根据自愿,可以办理保价运输,也可以办理货物运输保险;还可以既不办理保价运输,也不办理货物运输保险。不得以任何方式强迫办理保价运输或者货物运输保险。

(二)铁路运输企业不承担赔偿责任的情况

由于下列原因造成的货物、包裹、行李损失的,铁路运输企业不承担赔偿责任:
(1)不可抗力。
(2)货物或者包裹、行李中的物品本身的自然属性,或者合理损耗。
(3)托运人、收货人或者旅客的过错。

(三)铁路运输合同的调节与仲裁

发生铁路运输合同争议的,铁路运输企业和托运人、收货人或者旅客可以通过调解解决;不愿意调解解决或者调解不成的,可以依据合同中的仲裁条款或者事后达成的书面仲裁协议,向国家规定的仲裁机构申请仲裁。

当事人一方在规定的期限内不履行仲裁机构的仲裁决定的,另一方可以申请人民法院强制执行。

当事人没有在合同中订立仲裁条款,事后又没有达成书面仲裁协议的,可以向人民法院起诉。

三、无人领取货物的处理

自铁路运输企业发出领取货物通知之日起满三十日仍无人领取的货物,或者收货人书面通知铁路运输企业拒绝领取的货物,铁路运输企业应当通知托运人,托运人自接到通知之日起满三十日未作答复的,由铁路运输企业变卖;所得价款在扣除保管等费用后尚有余款的,应当退还托运人,无法退还、自变卖之日起一百八十日内托运人又未领回的,上缴国库。

自铁路运输企业发出领取通知之日起满九十日仍无人领取的包裹或者到站后满九十日仍无人领取的行李,铁路运输企业应当公告,公告满九十日仍无人领取的,可以变卖;所得价款在扣除保管等费用后尚有余款的,托运人、收货人或者旅客可以自变卖之日起一百八十日内领回,逾期不领回的,上缴国库。

对危险物品和规定限制运输的物品,应当移交公安机关或者有关部门处理,不得自行变卖。

对不宜长期保存的物品,可以按照国务院铁路主管部门的规定缩短处理期限。

四、铁路运输价格的制定

铁路的旅客票价率和货物、行李的运价率实行政府指导价或者政府定价,竞争性领域实行市场调节价。政府指导价、政府定价的定价权限和具体适用范围以中央政府和地方政府的定价目录为依据。铁路旅客、货物运输杂费的收费项目和收费标准,以及铁路包裹运价率由铁路运输企业自主制定。

地方铁路的旅客票价率、货物运价率和旅客、货物运输杂费的收费项目和收费标准,由省、自治区、直辖市人民政府物价主管部门会同国务院铁路主管部门授权的机构规定。

兼办公共旅客、货物运输营业的专用铁路的旅客票价率、货物运价率和旅客、货物运输杂费的收费项目和收费标准,以及铁路专用线共用的收费标准,由省、自治区、直辖市人民政府物价主管部门规定。

铁路的旅客票价,货物、包裹、行李的运价,旅客和货物运输杂费的收费项目和收费标准,必须公告;未公告的不得实施。

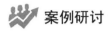

案例研讨

案例3-2:列车发生追尾事故案

案例描述:2011年7月23日20:30:05,甬温线浙江省温州市境内,由北京南站开往福州站D301次列车与杭州站开往福州南站D3115次列车发生动车组列车追尾事故,造成40人死亡、172人受伤,中断行车32小时35分钟,直接经济损失19371.65万元。

请思考:本次事故的原因是什么?违反了哪些法律条文?

单元三　铁路建设和铁路安全与保护

一、铁路建设

(一)铁路发展规划

铁路发展规划应当依据国民经济和社会发展以及国防建设的需要制定,并与其他方式的交通运输发展规划相协调。

地方铁路、专用铁路、铁路专用线的建设计划必须符合全国铁路发展规划,并征得国务院铁路主管部门或者国务院铁路主管部门授权的机构的同意。

在城市规划区范围内,铁路的线路、车站、枢纽以及其他有关设施的规划,应当纳入所在城市的总体规划。铁路建设用地规划,应当纳入土地利用总体规划。远期扩建、新建铁路需要的土地,由县级以上人民政府在土地利用总体规划中安排。

(二)铁路建设用地和留用土地

1.铁路建设用地

铁路建设用地是指按修建铁路的需要而征用或者国家划拨的土地。铁路建设用地的征(拨)手续,依照有关法律、行政法规的规定办理。有关地方人民政府应当支持铁路建设,协助铁路运输企业做好铁路建设征用工地工作和拆迁安置工作。

铁路建设用地包括:

(1)线路建设用地。

(2)车站、编组场以及配属的机务段、车辆段、工务段、水电段等单位的建设用地。

(3)铁路线路两侧留用的工地。

(4)铁路建设临时用地。

已经取得使用权的铁路建设用地,应当依照批准的用途使用,不得擅自改作他用;其他单位或者个人不得侵占。侵占铁路建设用地的,由县级以上地方人民政府土地管理部门责令停止侵占、赔偿损失。

2. 铁路留用土地

铁路留用土地是指为了确保铁路路基、路堑、桥梁的稳固,修建排水系统,日常取土修路,造林绿化以及为实现铁路发展的长远规划而备用的土地。分为铁路线路两侧的留用土地和铁路长远建设留用土地。

(三) 铁路与道路交叉

铁路与道路交叉处,应当优先考虑设置立体交叉。未设立体交叉的,可以根据国家有关规定设置平交道口或者人行过道。在城市规划区内设置平交道口或者人行过道,由铁路运输企业或者建有专用铁路、铁路专用线的企业或者其他单位和城市规划主管部门共同决定。

拆除已经设置的平交道口或者人行过道,由铁路运输企业或者建有专用铁路、铁路专用线的企业或者其他单位和当地人民政府商定。

修建跨越河流的铁路桥梁,应当符合国家规定的防洪、通航和水流的要求。

(四) 铁路建设程序和标准化

1. 铁路建设程序

铁路建设程序要严格按国家规定的基本建设程序进行。

2. 铁路建设标准化

(1) 轨距:铁路的标准轨距为1435毫米。新建国家铁路必须采用标准轨距。窄轨铁路的轨距为762毫米或者1000毫米。

(2) 其他技术标准:新建和改建铁路的其他技术要求应当符合国家标准或者行业标准(如线路设备标准、信号装置标准、通信设备标准等)。

(3) 铁路建成后,必须依照国家基本建设程序的规定,经验收合格,方能交付正式运行。

二、铁路安全与保护

铁路运输企业必须加强对铁路的管理和保护,定期检查、维修铁路运输设施,保证铁路运输设施完好,保障旅客和货物运输安全。

铁路安全与保护是指对铁路运输设施的安全管理与保护、列车与车站的安全与保护以及铁路运输企业对铁路沿线环境应承担的保护义务与责任等。

(一) 铁路运输设施定期检查的意义和维修内容

1. 铁路运输设施定期检查的意义

定期检查铁路运输设施有利于及时采取维修措施,有利于消除事故隐患,确保运输的畅通与安全。

2. 铁路运输设施维修的内容

铁路运输设施维修的主要内容包括：铁路线路维修、机车车辆维修、其他设施维修。

(二) 路基安全保护

路基包括：路基本体、排水设备、防护加固建筑。

路基是轨道的基础，是重要的铁路运输设施之一。路基直接承受轨道的重量和机车车辆及其载荷的压力，这就要求路基必须坚实稳固。为了保证路基的坚实稳固，在路基上设有完整的排水设备和路基防护加固设备。做好路基的安全保护工作，除了日常的维修、检修之外，还要采取措施防止铁路沿线两侧的山坡地滑坡，限制线路两侧搞修建工程。

铁路线路两侧地界以外的山坡地由当地人民政府作为水土保持的重点进行整治。铁路隧道顶上的山坡地由铁路运输企业协助当地人民政府进行整治。铁路地界以内的山坡地由铁路运输企业进行整治。

在铁路线路和铁路桥梁、涵洞两侧一定距离内，修建山塘、水库、堤坝，开挖河道、干渠，采石挖砂，打井取水，影响铁路路基稳定或者危害铁路桥梁、涵洞安全的，由县级以上地方人民政府责令停止建设或者采挖、打井等活动，限期恢复原状或者责令采取必要的安全防护措施。

在铁路线路上架设电力、通信线路，埋置电缆、管道设施，穿凿通过铁路路基的地下坑道，必须经铁路运输企业同意，并采取安全防护措施。

违反上述规定，给铁路运输企业造成损失的单位或者个人，应当赔偿损失。

(三) 铁路运营用电负荷的电力供应

铁路运营用电负荷，是指直接为铁路服务的各种用电设备，主要包括：电力机车、站场照明设备、电动吊装装置、通信信号装置。

电力主管部门应当保证铁路牵引用电以及铁路运营用电中重要负荷的电力供应。铁路运营用电中重要负荷的供应范围由国务院铁路主管部门和国务院电力主管部门商定。

(四) 旅客列车和车站的安全

保证旅客生命和财产安全是铁路运输首要的任务，要确保这一首要任务的完成，就必须要搞好旅客列车和车站的安全保障工作。因此，《铁路法》规定：

(1) 运输危险品必须按照国务院铁路主管部门的规定办理，禁止以非危险品名托运危险品。禁止旅客携带危险品进站上车。铁路公安人员和国务院铁路主管部门规定的铁路职工，有权对旅客携带的物品进行运输安全检查。实施运输安全检查的铁路职工应当佩戴执勤标志。危险品的品名由国务院铁路主管部门规定并公布。

(2) 在列车内，寻衅滋事，扰乱公共秩序，危害旅客人身、财产安全的，铁路职工有权制止，铁路公安人员可以予以拘留。

(3) 在车站和旅客列车内，发生法律规定需要检疫的传染病时，由铁路卫生检疫机构进行检疫；根据铁路卫生检疫机构的请求，地方卫生检疫机构应予协助。货物运输的检疫，依照国家规定办理。

(4) 铁路公安机关和地方公安机关分工负责共同维护铁路治安秩序。车站和列车内的治安秩序,由铁路公安机关负责维护;铁路沿线的治安秩序,由地方公安机关和铁路公安机关共同负责维护,以地方公安机关为主。

(五)铁路行车安全

1. 铁路道口的管理

铁路道口是铁路行车和公路行车、行人通行的交叉处,它关系到铁路行车的安全,也关系到公路行车、行人的安全。因此,必须加强对铁路道口的管理和守护,以保护铁路和公路的行车安全以及行人的安全。《铁路法》规定:

(1)禁止擅自在铁路线路上铺设平交道口和人行过道。
(2)平交道口和人行过道必须按照规定设置必要的标志和防护设施。
(3)行人和车辆通过铁路平交道口和人行过道时,必须遵守有关通行的规定。

2. 行车瞭望的安全保护

在铁路弯道内侧、平交道口和人行过道附近,不得修建妨碍行车瞭望的建筑物和种植妨碍行车瞭望的树木。修建妨碍行车瞭望的建筑物的,由县级以上地方人民政府责令限期拆除。种植妨碍行车瞭望的树木的,由县级以上地方人民政府责令有关单位或者个人限期迁移或者修剪、砍伐。

3. 重要桥梁和隧道的守护

重要桥梁和隧道是指在铁路干线重要位置上的700米以上的桥梁和300米以上的隧道。国家铁路的重要桥梁和隧道,由中国人民武装警察部队负责守卫。

(六)铁路交通事故的处理

发生铁路交通事故,铁路运输企业应当依照国务院和国务院有关主管部门关于事故调查处理的规定办理,并及时恢复正常行车,任何单位和个人不得阻碍铁路线路开通和列车运行。

因铁路行车事故及其他铁路运营事故造成人身伤亡的,铁路运输企业应当承担赔偿责任;如果人身伤亡是因不可抗力或者由于受害人自身的原因造成的,铁路运输企业不承担赔偿责任。

违章通过平交道口或者人行过道,或者在铁路线路上行走、坐卧造成的人身伤亡,属于受害人自身的原因造成的人身伤亡。

(七)对危害铁路运输和行车安全行为的处理

(1)对损毁、移动铁路信号装置及其他行车设施或者在铁路线路上放置障碍物的,铁路职工有权制止,可以扭送公安机关处理。

(2)禁止偷乘货车、攀附行进中的列车或者击打列车。对偷乘货车、攀附行进中的列车或者击打列车的,铁路职工有权制止。

(3)禁止在铁路线路上行走、坐卧。对在铁路线路上行走、坐卧的,铁路职工有权制止。

(4)禁止在铁路线路两侧二十米以内或者铁路防护林地内放牧。对在铁路线路两侧二十米以内或者铁路防护林地内放牧的,铁路职工有权制止。

(5)对聚众拦截列车或者聚众冲击铁路行车调度机构的,铁路职工有权制止;不听制止的,公安人员现场负责人有权命令解散;拒不解散的,公安人员现场负责人有权依照国家有关规定决定采取必要手段强行驱散,并对拒不服从的人员强行带离现场或者予以拘留。

(6)对哄抢铁路运输物资的,铁路职工有权制止,可以扭送公安机关处理;现场公安人员可以予以拘留。

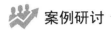

案例研讨

案例3-3:天然气管道违规下穿铁路危害高铁运行安全案

案例描述:渝万高铁(垫江段)于2012年开工建设,当地燃气企业违反《城镇燃气设计规范》(GB 50028—2006)中关于地下燃气管道穿越铁路应加套管等安全建设标准要求,未对埋设在铁路线下的天然气管道采取有效安全保障措施,并违规在铁路线下新安设天然气管道12处。渝万高铁于2016年11月开通运行,上述安全隐患存续至2019年仍未被查处治理,严重危及铁路运行安全。2019年4月,重庆铁路运输检察院接到中国铁路成都局集团有限公司关于上述线索的反映,成立办案组进行立案调查,牵头组织垫江县人民政府、成都铁路监督管理局及7家涉事燃气企业,沿43公里渝万客运专线(垫江段)进行了为期近2个月的现场调查,逐一查明高铁沿线天然气管道违规下穿铁路安全隐患35处,并主导明确各涉事企业的整改责任。经调查发现,重庆市垫江县经济和信息化委员会、成都铁路监督管理局对此类铁路线下安全隐患负有监督管理职责。2019年8月和9月,重庆铁检院分别向垫江县经信委、成都铁路监督管理局发出诉前检察建议,建议其对渝万铁路已查明的涉铁天然气安全隐患全面履行监管职责,督促各责任单位整改,并对辖区涉铁燃气安全状况进一步监督检查,与成都局集团公司沟通建立重大隐患报告、初查确责长效机制。

请运用所学知识对本案进行评析。

案例3-4:横向穿越非封闭铁路案

案例描述:某日,周某头戴耳机、玩着手机,步行路经供铁路工作人员上下线路使用的作业通道横向穿越非封闭铁路线路时,与正在运行中的列车相撞,当场死亡。涉事作业通道处无禁止非工作人员进入等警示标志。距事故现场477米处有一公路下穿立交桥,可供行人通行。事故发生前,案涉列车频繁地鸣笛警示。事发后,周某父、母、妻、子4人共同提起诉讼,请求判令铁路局承担35%的损害赔偿责任。

请运用所学知识对本案进行评析。

单元四 违反《中华人民共和国铁路法》的法律责任

根据《铁路法》《治安管理处罚法》《铁路安全管理条例》的规定,对违反《铁路法》,尚未构成犯罪的,或者《铁路法》中没有规定的,但触犯了《治安管理处罚法》规定的,要给予治安管理处罚。

对违反治安管理行为的处罚分为4种:警告、罚款、行政拘留、吊销公安机关发放的许可证。

一、对妨碍公私安全行为的处罚

携带危险品进站上车或者以非危险品品名托运危险品,导致发生重大事故的,依照刑法有关规定追究刑事责任。企业事业单位、国家机关、社会团体犯本款罪的,处以罚金,对其主管人员和直接责任人员依法追究刑事责任。

携带炸药、雷管或者非法携带枪支子弹、管制刀具进站上车的,依照刑法有关规定追究刑事责任。

故意损毁、移动铁路行车信号装置或者在铁路线路上放置足以使列车倾覆的障碍物的,依照刑法有关规定追究刑事责任。

聚众拦截列车、冲击铁路行车调度机构不听制止的,对首要分子和骨干分子依照刑法有关规定追究刑事责任。

擅自在铁路线路上铺设平交道口、人行过道的,由铁路公安机关或者地方公安机关责令限期拆除,可以并处罚款。

在列车内,寻衅滋事,侮辱妇女,情节恶劣的,依照刑法规定追究刑事责任。

二、对侵犯公私财物行为的处罚

(1)哄抢铁路运输物资的,对首要分子和骨干分子依照刑法有关规定追究刑事责任。铁路职工与其他人员勾结犯前款罪的,从重处罚。

(2)在列车内,抢劫旅客财物,伤害旅客的,依照刑法有关规定从重处罚。

(3)敲诈勒索旅客财物的,依照刑法有关规定追究刑事责任。

(4)盗窃铁路线路上行车设施的零件、部件或者铁路线路上的器材,危及行车安全的,依照刑法有关规定追究刑事责任。

三、对妨碍社会管理秩序行为的处罚

倒卖旅客车票,构成犯罪的,依照刑法有关规定追究刑事责任。铁路职工倒卖旅客车票或者与其他人员勾结倒卖旅客车票的,依照刑法有关规定追究刑事责任。

四、对违反运价管理规定的行政处罚

铁路运输企业违反本法❶规定,多收运费、票款或者旅客、货物运输杂费的,必须将多收的费用退还付款人,无法退还的上缴国库。将多收的费用据为己有或者侵吞私分的,依照刑法有关规定追究刑事责任。

五、对铁路职工违反规章制度的行政处分

铁路职工利用职务之便走私的,或者与其他人员勾结走私的,依照刑法有关规定追究刑事责任。

---

❶ 本法在本单元指《中华人民共和国铁路法》。

铁路职工玩忽职守、违反规章制度造成铁路运营事故的,滥用职权、利用办理运输业务之便谋取私利的,给予行政处分;情节严重、构成犯罪的,依照刑法有关规定追究刑事责任。

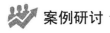

案例研讨

案例 3-5:旅客非法携带硫酸案

案例描述: 某日,孙某非法携带一瓶稀硫酸,在某站候车室欲乘坐某次旅客列车时,被车站执勤民警查获。该硫酸已被公安机关收缴。

请思考: 孙某违反了哪些法律条文?

案例 3-6:违法取水危害高铁运行安全案

案例描述: 位于山西省境内的大西高铁沿线两侧地下水禁采区范围内共有52口抽水井,跨涉晋中、临汾、运城3市的平遥、祁县、洪洞、霍州、闻喜、襄汾、尧都、永济8县(市),主要用于周边群众日常生活饮水或农业灌溉。在高铁沿线地下水禁采区抽水,一方面会使地下水位大幅下降,水量减少,形成降落漏斗,导致岩溶塌陷,地表污水及劣质潜水通过塌陷段渗入,造成局部地区水资源衰减并伴随地下水污染,影响水质。另一方面,可能导致地下水与沉积物的压力均衡失调,松散堆积物被压缩,从而引起地面沉降、建筑物开裂,严重破坏地质,使高速铁路桥墩出现区域性沉降,严重危及高铁运行安全。2020年5月,大秦铁路股份有限公司太原高铁工务段向临汾铁路运输检察院(以下简称临汾铁检院)移送上述线索。临汾铁检院进行线索研判后,决定成立专案组开展违法抽水井整治专项行动。同年6月17日和18日,临汾铁检院对涉案的8县(市)水利部门以行政公益诉讼立案。经现场核查,大西高铁修建以前,涉案抽水井均已存在,现为当地居民生活用水和灌溉用水主要来源。在无替代性水源的情况下,如果立即封闭现有水井,会给当地居民生活生产带来极大不便,不利于保障民生和社会稳定。检察机关结合实际情况,摒弃就案办案的思维,研究确定了以服务"六稳""六保"为总体目标、兼顾高铁运行安全隐患治理和人民群众农业生产生活用水保障的办案思路。2020年9月17日,临汾铁检院向涉案8个县(市)水利局分别发出诉前检察建议,建议其依法对辖区内大西高铁沿线地下水禁采区违法抽取地下水的行为履行监督管理职责,杜绝地下水禁采区采水行为,维护大西高铁运行安全。同时,临汾铁检院与沿线8个县(市)政府、护路办、水利部门、发改委,17个乡(镇)党委政府及铁路单位加强沟通协调,立足统筹隐患治理和保障民生,听取各方意见,促进协同治理。收到检察建议后,相关水利部门、乡镇政府高度重视,铁路单位积极配合,安排专人迅速核实涉案52口水井的方位、口径、井深、配套附属设施等情况。随后,各相关县(市)召开专题会议部署整改,结合当地实际,采用集中供水管网铺设、重新选定替代水源方位或者直接补偿等方式解决群众用水问题,制订整改计划,积极推进整治。涉及3县(市)的4眼违法抽水井完成封填,涉及5县(市)的48眼违法抽水井制定了替代水源处置方案。

请运用所学知识对本案进行评析。

小知识

中国大陆第一条高铁——京津城际铁路。 2008年8月1日,我国第一条具有自主知识产权、当时运营速度世界最快的高速铁路——京津城际铁路建成通车。自此,中国铁路正式"驶"入了高速时代。

京津城际铁路,起自北京南站,终点为天津站,全长约120公里,作为我国"最早开工建设"和"最先建成投产"的高速城际铁路,可谓是我国高铁时代的"领头羊",具有重要的示范和引领作用,如图3-1所示。

京津城际铁路采用了全自动电子控制驾驶系统,即使在恶劣的气候条件下,也可以安全运行。从北京到天津,列车直达运行时间约为30分钟,最小行车间隔只有3分钟,这种"公交化"的发车频次,也让京津两地人民的"双城"生活变得日趋普遍和更加便利。

2018年8月1日,京津城际铁路迎来开通运营10周年。当天,京津城际铁路全部更换为更先进、更舒适的"复兴号"中国标准动车组列车。8月8日起,列车时速又提至350公里,如图3-2所示。

京津城际铁路不仅为服务2008年北京奥运会和推动京津冀协同发展发挥了巨大作用,也为中国高铁的运营管理提供了技术和经验积累,并培养出一批中国高速铁路发展和建设的探路人与先行者。京津城际铁路工程也因其世界先进的技术水平和对经济社会的巨大贡献,先后获得火车头优质工程奖、中国土木工程詹天佑奖、新中国成立60周年"百项经典建设工程"和2012年度国家科学技术进步奖一等奖等一系列重大荣誉。

图3-1 运行在京津城际铁路上的"和谐号"动车组列车

图3-2 运行在京津城际铁路上的"复兴号"中国标准动车组列车

复习思考题

1. 简述《铁路法》的立法目的、时间、适用范围。
2. 铁路运输企业不承担赔偿责任的情况有哪些?
3. 什么是铁路建设用地?
4. 铁路道口管理的规定是什么?
5. 违反《铁路法》的法律责任有哪些?

模块四
《铁路安全管理条例》知识

模块描述

本模块从保护铁路安全的角度出发,介绍《铁路安全管理条例》的主要条款,并结合案例分析保护铁路安全的重要性。

教学目标

1. 知识目标

(1) 掌握铁路建设质量安全、铁路专用设备安全的相关知识,知晓铁路安全保护区的设立规定。

(2) 掌握铁路运营安全的相关知识,明确任何单位和个人不得实施的危害铁路安全的行为。

2. 能力目标

(1) 能够灵活运用法律武器依法办事,依法律己,依法维护国家利益、企业利益和自身合法权益。

(2) 能够正确处理铁路建设、线路运营安全问题,确保铁路运输安全畅通。

3. 素质目标

培养职业法律素质,从而能够依法解决铁路建设、运营生产中面临的安全问题,适应社会主义法制社会对铁路专业人才的需要。

建议学时

4 学时。

案例导入

1. 案例简介

2008 年 4 月 28 日,胶济铁路发生一起特别重大铁路交通事故,造成严重人员伤亡,教训极其惨痛。2008 年 4 月 28 日 4:38,由北京开往青岛的 T195 次旅客列车运行至中国铁路济南局集团有限公司(以下简称济南铁路局)管内胶济下行线王村至周村东间一个拐弯处,因超速,机后 9 至 17 位车辆脱轨并侵入上行线。4:41,由烟台开往徐州的 5034 次旅客列车运行至胶济线,与侵入限界的 T195 次第 15、16 位车辆发生冲突,造成 5034 次机车及机后 1 至 5 位车辆脱轨。事故造成严重人员伤亡,中断胶济线上下行线行车21小时22分钟,构成铁路特别重大事故。

2. 案例评析

国务院"4·28"胶济铁路特大交通安全事故调查组认为,胶济铁路特别重大事故是一起典型的责任事故,济南铁路局在这次事故中暴露出两点突出问题:一是用文件代替限速调度指令,二是漏发临时限速指令,从而造成事发列车(北京开往青岛的T195次旅客列车)在限速80公里的路段上实际时速居然达到了131公里,每小时超速51公里,这充分暴露了一些铁路运营企业安全生产认识不到位、领导不到位、责任不到位、隐患排查治理不到位和监督管理不到位的严重问题,反映了基层安全意识薄弱、现场管理存在严重漏洞。事故现场如图4-1、图4-2所示。

图4-1 事故现场(一)

图4-2 事故现场(二)

济南铁路局2008年4月23日印发了《关于实行胶济线施工调整列车运行图的通知》,其中含对该路段限速80公里的内容。这一重要文件距离实施时间4月28日零时仅有4天,却仅在济南铁路局内网上发布,对外局及相关单位以普通信件的方式传递,而且把北京机务段作为了抄送单位。

这一文件发布后,在没有确认有关单位是否收到的情况下,2008年4月26日,济南铁路局又发布了一个调度命令,取消了多处限速命令,其中包括事故发生段。

济南铁路局列车调度员在接到有关列车司机反映现场临时限速与运行监控器数据不符的信息后,2008年4月28日4:02,济南铁路局补发了该段限速每小时80公里的调度命令,但该命令没有发给T195次机车乘务员,漏发了调度命令。而王村站值班员对最新临时限速命令未与T195次司机进行确认,也未认真执行车机联控。与此同时,机车乘务员没有认真瞭望,失去了防止事故发生的最后时机。

单元一 铁路建设质量安全与铁路专用设备质量安全

为了加强铁路安全管理,保障铁路运输安全和畅通,保护人身安全和财产安全,《铁路安全管理条例》经2013年7月24日国务院第18次常务会议通过,2013年8月17日中华人民共和国国务院令第639号公布,自2014年1月1日起施行。2004年12月27日国务院发布的《铁路运输安全保护条例》废止。

一、《铁路安全管理条例》总则

铁路安全管理坚持安全第一、预防为主、综合治理的方针。

国务院铁路行业监督管理部门负责全国铁路安全监督管理工作,国务院铁路行业监督管理部门设立的铁路监督管理机构负责辖区内的铁路安全监督管理工作。国务院铁路行业监督管理部门和铁路监督管理机构统称铁路监管部门。国务院有关部门依照法律和国务院规定的职责,负责铁路安全管理的有关工作。

铁路沿线地方各级人民政府和县级以上地方人民政府有关部门应当按照各自职责,加强保障铁路安全的教育,落实护路联防责任制,防范和制止危害铁路安全的行为,协调和处理保障铁路安全的有关事项,做好保障铁路安全的有关工作。

从事铁路建设、运输、设备制造维修的单位应当加强安全管理,建立健全安全生产管理制度,落实企业安全生产主体责任,设置安全管理机构或者配备安全管理人员,执行保障生产安全和产品质量安全的国家标准、行业标准,加强对从业人员的安全教育培训,保证安全生产所必需的资金投入。铁路建设、运输、设备制造维修单位的工作人员应当严格执行规章制度,实行标准化作业,保证铁路安全。

铁路监管部门、铁路运输企业等单位应当按照国家有关规定制定突发事件应急预案,并组织应急演练。

禁止扰乱铁路建设、运输秩序。禁止损坏或者非法占用铁路设施设备、铁路标志和铁路用地。任何单位或者个人发现损坏或者非法占用铁路设施设备、铁路标志、铁路用地以及其他影响铁路安全的行为,有权报告铁路运输企业,或者向铁路监管部门、公安机关或者其他有关部门举报。接到报告的铁路运输企业、接到举报的部门应当根据各自职责及时处理。对维护铁路安全作出突出贡献的单位或者个人,按照国家有关规定给予表彰奖励。

二、铁路建设质量安全

铁路建设工程的勘察、设计、施工、监理以及建设物资、设备的采购,应当依法进行招标。

从事铁路建设工程勘察、设计、施工、监理活动的单位应当依法取得相应资质,并在其资质等级许可的范围内从事铁路工程建设活动。

铁路建设单位应当选择具备相应资质等级的勘察、设计、施工、监理单位进行工程建设,并对建设工程的质量安全进行监督检查,制作检查记录留存备查。

铁路建设工程的勘察、设计、施工、监理应当遵守法律、行政法规关于建设工程质量和安全管理的规定,执行国家标准、行业标准和技术规范。铁路建设工程的勘察、设计、施工单位依法对勘察、设计、施工的质量负责,监理单位依法对施工质量承担监理责任。高速铁路和地质构造复杂的铁路建设工程实行工程地质勘察监理制度。

铁路建设工程的安全设施应当与主体工程同时设计、同时施工、同时投入使用。安全设施投资应当纳入建设项目概算。

铁路建设工程使用的材料、构件、设备等产品,应当符合有关产品质量的强制性国家标准、行业标准。

铁路建设工程的建设工期,应当根据工程地质条件、技术复杂程度等因素,按照国家标准、行业标准和技术规范合理确定、调整。任务单位和个人不得违反前款规定要求铁路建设、设计、施工单位压缩建设工期。

铁路建设工程竣工,应当按照国家有关规定组织验收,并由铁路运输企业进行运营安全评估。经验收、评估合格,符合运营安全要求的,方可投入运营。

在铁路线路及其邻近区域进行铁路建设工程施工,应当执行铁路营业线施工安全管理规定。铁路建设单位应当会同相关铁路运输企业和工程设计、施工单位制定安全施工方案,按照方案进行施工。施工完毕应当及时清理现场,不得影响铁路运营安全。

新建、改建设计开行时速120公里以上列车的铁路或者设计运输量达到国务院铁路行业监督管理部门规定的较大运输量标准的铁路,需要与道路交叉的,应当设置立体交叉设施。新建、改建高速公路、一级公路或者城市道路中的快速路,需要与铁路交叉的,应当设置立体交叉设施,并优先选择下穿铁路的方案。已建成的属于前两款规定情形的铁路、道路为平面交叉的,应当逐步改造为立体交叉。新建、改建高速铁路需要与普通铁路、道路、渡槽、管线等设施交叉的,应当优先选择高速铁路上跨方案。

设置铁路与道路立体交叉设施及其附属安全设施所需费用的承担,按照下列原则确定:

(1)新建、改建铁路与既有道路交叉的,由铁路方承担建设费用;道路方要求超过既有道路建设标准建设所增加的费用,由道路方承担。

(2)新建、改建道路与既有铁路交叉的,由道路方承担建设费用;铁路方要求超过既有铁路线路建设标准建设所增加的费用,由铁路方承担。

(3)同步建设的铁路和道路需要设置立体交叉设施以及既有铁路道口改造为立体交叉的,由铁路方和道路方按照公平合理的原则分担建设费用。

铁路与道路立体交叉设施及其附属安全设施竣工验收合格后,应当按照国家有关规定移交有关单位管理、维护。

专用铁路、铁路专用线需要与公用铁路网接轨的,应当符合国家有关铁路建设、运输的安全管理规定。

三、铁路专用设备质量安全

设计、制造、维修或者进口新型铁路机车车辆,应当符合国家标准、行业标准,并分别向国务院铁路行业监督管理部门申请领取型号合格证、制造许可证、维修许可证或者进口许可证,具体办法由国务院铁路行业监督管理部门制定。铁路机车车辆的制造、维修、使用单位应当遵守有关产品质量的法律、行政法规以及国家其他有关规定,确保投入使用的机车车辆符合安全运营要求。

生产铁路道岔及其转辙设备、铁路信号控制软件和控制设备、铁路通信设备、铁路牵引供电设备的企业,应当符合下列条件并经国务院铁路行业监督管理部门依法审查批准:

(1)有按照国家标准、行业标准检测、检验合格的专业生产设备。

(2)有相应的专业技术人员。

（3）有完善的产品质量保证体系和安全管理制度。

（4）法律、行政法规规定的其他条件。

铁路机车车辆以外的直接影响铁路运输安全的铁路专用设备，依法应当进行产品认证的，经认证合格方可出厂、销售、进口、使用。

用于危险化学品和放射性物品运输的铁路罐车、专用车辆以及其他容器的生产和检测、检验，依照有关法律、行政法规的规定执行。

用于铁路运输的安全检测、监控、防护设施设备，集装箱和集装化用具等运输器具，专用装卸机械、索具、篷布、装载加固材料或者装置，以及运输包装、货物装载加固等，应当符合国家标准、行业标准和技术规范。

铁路机车车辆以及其他铁路专用设备存在缺陷，即由于设计、制造、标识等原因导致同一批次、型号或者类别的铁路专用设备普遍存在不符合保障人身、财产安全的国家标准、行业标准的情形或者其他危及人身、财产安全的不合理危险的，应当立即停止生产、销售、进口、使用；设备制造者应当召回缺陷产品，采取措施消除缺陷。具体办法由国务院铁路行业监督管理部门制度。

单元二　铁路线路安全

一、铁路线路安全保护区的设立

铁路线路安全保护区，是指为防止外来因素对铁路列车运行的干扰，减少铁路运输安全隐患，保护国家的重要基础设施，在铁路沿线两侧一定范围内对影响铁路运输安全的行为进行限制而设置的特定区域。这里所说的铁路线路，包括铁路钢轨道床、路基、边坡、侧沟及其他排水设备、防护设备等，以及铁路桥梁、隧道、场站等。

长期以来，一些单位和个人在铁路线路两侧修路、挖沟、盖房，或进行排污、烧荒、倾倒垃圾、放养牲畜等，严重影响了列车运营安全。而高速铁路的快速发展和既有铁路的提速，对铁路沿线的安全环境提出了越来越高的要求。

铁路沿线情况错综复杂，列车经过城市市区、城市郊区、村镇居民居住区与其他地区，面对的安全状况是不同的；特别是高速铁路速度快，对安全环境要求更高。因此，《铁路安全管理条例》从实际出发，对铁路线路安全保护区的范围作了4种不同情况的规定。铁路线路安全保护区的范围，从铁路线路路堤坡脚（路堤坡脚是指路基边坡与地面相接的部分，路堑坡顶是指路堑边坡坡面与地面相接的部分）、路堑坡顶或者铁路桥梁（含铁路、道路两用桥，下同）外侧起向外的距离分别为：

（1）城市市区高速铁路为10米，其他铁路为8米。

（2）城市郊区居民居住区高速铁路为12米，其他铁路为10米。

（3）村镇居民居住区高速铁路为15米，其他铁路为12米。

(4)其他地区高速铁路为20米,其他铁路为15米。

上述规定距离不能满足铁路运输安全保护需要的,由铁路建设单位或者铁路运输企业提出方案,铁路监督管理机构或者县级以上地方人民政府依照本条第三款规定程序划定。

在铁路用地范围内划定铁路线路安全保护区的,由铁路监督管理机构组织铁路建设单位或者铁路运输企业划定并公告。在铁路用地范围外划定铁路线路安全保护区的,由县级以上地方人民政府根据保障铁路运输安全和节约用地的原则,组织有关铁路监督管理机构、县级以上地方人民政府国土资源等部门划定并公告。铁路线路安全保护区与公路建筑控制区、河道管理范围、水利工程管理和保护范围、航道保护范围或者石油、电力以及其他重要设施保护区重叠的,由县级以上地方人民政府组织有关部门依照法律、行政法规的规定协商划定并公告。

铁路线路安全保护区是为了保障铁路运输安全而设的一个特定区域。在此区域内,禁止从事危及铁路运输安全的行为,但并不改变用地的权属关系。铁路用地的取得有两种方式,一种是依据《中华人民共和国土地管理法》,通过划拨方式取得铁路建设用地,另一种是以出让等有偿使用方式取得铁路用地。通过这两种方式取得的铁路用地,均具有产权属性。

在实际划界时,铁路线路安全保护区边界与铁路用地边界可能出现不一致的情况。铁路用地边界可能大于安全保护区边界,也可能等于或小于铁路线路安全保护区边界。

新建、改建铁路的铁路线路安全保护区范围,应当自铁路建设工程初步设计批准之日起30日内,由县级以上地方人民政府依照本条例❶的规定划定并公告。铁路建设单位或者铁路运输企业应当根据工程竣工资料进行勘界,绘制铁路线路安全保护区平面图,并根据平面图设立标桩。

在铁路既有线提速之前,行人穿越铁路造成的人身伤亡事故较少,主要是因为列车速度较低(一般均低于时速100公里),多数情况下行人发现来车紧急撤离铁道,具有一定的可能性。随着列车运行速度的提高,行人穿越铁路,发现来车往往来不及撤离铁道,发生伤亡事故的概率相应增加。为保障广大人民群众人身安全,条例总结实践经验,新增加了相关规定:

设计开行时速120公里以上列车的铁路应当实行全封闭管理。铁路建设单位或者铁路运输企业应当按照国务院铁路行业监督管理部门的规定在铁路用地范围内设置封闭设施和警示标志。

二、铁路线路安全保护区内禁止的行为

(一)禁止在铁路线路安全保护区内烧荒、放养牲畜、种植影响铁路线路安全和行车瞭望的树木等植物

禁止在铁路线路安全保护区内烧荒,首先是因为线路两侧烧荒容易引发火灾,直接威胁铁路行车安全;其次,烧荒产生的高温容易破坏埋设在线路两侧或者在线路上空的铁路通信、信号线路的保护设备,直接导致线路短路,影响铁路调度指挥系统;再次,烧荒引起的烟雾还会直接影响机车司机瞭望。

禁止在铁路线路安全保护区内放养牲畜,主要是由于列车运行速度较快,制动距离和制动

---

❶ 条例在本模块指《铁路安全管理条例》。

时间都比较长,一旦发现紧急情况,列车在短时间、短距离内难以停车。铁路沿线居民放养的牲畜窜上线路与火车相撞,轻则财产受损,重则可能导致列车颠覆。因此,规定禁止在铁路线路安全保护区内放养牲畜,是为保障公众生命财产安全所必须采取的措施。

禁止在铁路线路安全保护区内种植影响铁路线路安全和行车瞭望的树木等植物,主要是考虑到铁路线路两侧的防护林木和护坡草坪是为了保证线路的稳定,防止雨水冲刷和风沙等灾害而特意栽培的。如果树木过于高大会影响司机瞭望,司机难以及时看清前方一定距离内的信号显示,或有异常情况时不能及时发现和处理,就可能造成行车事故。条例对此类行为作出禁止性规定,加大了对铁路行车安全的保护力度。

(二) 禁止在铁路线路安全保护区内排污、倾倒垃圾以及其他危害铁路安全的物质

向铁路线路安全保护区内排污、倾倒垃圾以及其他危害铁路安全的物质(图4-3),不仅破坏铁路沿线的环境卫生,而且容易腐蚀铁路钢轨道床、信号通信设施,造成路基病害和桥梁淤堵,成为干扰铁路行车的因素之一,必须对这些行为予以禁止。这里所称"排污"对象,既包括固体废弃物,也包括液体废弃物;所称"垃圾及其他危害铁路安全的物质",既包括铁路沿线生产、生活产生的垃圾及其他危害铁路安全的物质,也包括从列车上向外倾倒垃圾。

图4-3 铁路安全保护区堆满了垃圾

(三) 在铁路线路安全保护区内要对建造建筑物、构筑物等设施,取土、挖砂、挖沟、采空作业以及堆放、悬挂物品等活动进行限制

在铁路线路安全保护区内建造建筑物、构筑物等设施,取土、挖砂、挖沟、采空作业或者堆放、悬挂物品,应当征得铁路运输企业同意并签订安全协议,遵守保证铁路安全的国家标准、行业标准和施工安全规范,采取措施防止影响铁路运输安全。铁路运输企业应当派员对施工现场实行安全监督。

对铁路线路安全保护区内的这些活动进行限制,主要是出于以下考虑:

(1)建筑物、构筑物的建造过程本身即会对行车产生一定的干扰,影响运输安全与通畅;打桩或深挖基础等难免对线路产生影响;建筑物、构筑物的突出部分可能会造成行车障碍;高大的建筑物、构筑物还容易遮挡机车司机视线,不利于行车瞭望。

(2)随意在铁路线路两侧取土、挖砂、挖沟或采空作业,直接影响铁路线路的稳固,带来安全隐患。安全行车必须有稳固的线路,尤其是高速铁路的发展,对线路安全提出了更高的要求。一旦线路遭到破坏,轻者导致中断行车,重者导致车毁人亡。

(3)在铁路线路安全保护区内堆放、悬挂物品,如堆放粮食、稻草、砂石等物品,将直接形成列车运行的障碍;在铁路线路两侧晾晒衣物或悬挂其他物品,特别是彩色的物品,容易导致机车司机信号判断错误或者影响瞭望。

在铁路线路安全保护区确需从事上述生产活动,根据条例的规定,必须经铁路运输企业同意,施工前应当与铁路运输企业签订安全协议。之所以这样规定,主要是为了落实铁路运输企

业的安全生产主体责任,便于其采取有效的防护措施。因此,条例还规定了铁路运输企业应当派员对施工现场实行安全监督。

 想一想

铁路线路安全保护区内禁止的行为有哪些?

三、铁路线路安全保护区内既有建筑物、构筑物的处理

铁路线路安全保护区内既有的建筑物、构筑物危及铁路运输安全的,应当采取必要的安全防护措施;采取安全防护措施后仍不能保证安全的,依照有关法律的规定拆除。拆除铁路线路安全保护区内的建筑物、构筑物,清理铁路线路安全保护区内的植物,或者对他人在铁路线路安全保护区内已依法取得的采矿权等合法权利予以限制,给他人造成损失的,应当依法给予补偿或者采取必要的补救措施。但是,拆除非法建设的建筑物、构筑物的除外。

由于历史的原因,铁路线路两侧存在着一定数量的合法或者非法的建筑物、构筑物,有些处于铁路线路安全保护区的范围内,或多或少会影响铁路运输安全。条例对铁路线路安全保护区内既有建筑物、构筑物的处置,视不同情况作了不同的规定。采取安全防护措施,可以是所有权人或者实际控制人自觉的行为,也可以是铁路监管部门或者地方人民政府敦促的结果。对采取安全防护措施后仍不能满足安全要求的建筑物、构筑物,应依照《中华人民共和国行政强制法》等有关法律的规定拆除。

对于拆除铁路线路安全保护区内的建筑物、构筑物,清理铁路线路安全保护区内的植物,或者对他人在铁路线路安全保护区内已依法取得的采矿权等合法权利予以限制而造成损失的行为,规定"依法给予补偿"或者"采取必要的补救措施"。这里所说的补偿,主要是对相关利益主体所受损失的货币化或其他形式的弥补。这里所说的补救,主要是采取措施对相关利益主体所受损失的弥补或挽救,如对铁路线路安全保护区内的植物清理后移植培育,对简易建筑物、构筑物拆除后异地复原。为保障铁路运输安全而拆除沿线既有的合法建筑物、构筑物等行为,会对所有者或使用者的利益造成一定损害,因此条例规定了补偿原则。需要指出的是,在铁路线路安全保护区内拆除非法建筑物、构筑物,其所有者违法在先,本身不受法律保护,不应给予补偿。

四、铁路建筑限界与铁路线路安全保护区

铁路建筑限界,是指一个和铁路线路中心线垂直的极限横断面轮廓。在此轮廓内,除机车车辆和与机车车辆有直接相互作用的设备(如车辆减速器、路签授受器、接触电线及其他)外,其他设备或建筑物、构筑物均不得侵入。铁路建筑限界是根据机车车辆运动的最大轮廓尺寸并考虑一定的安全余量而制定的。限界尺寸一经规定,不得随意缩小。缩小限界或者其他物体进入限界都可能危及列车运行安全,导致行车事故的发生。

在铁路线路安全保护区及其邻近区域建造或者设置的建筑物、构筑物、设备等,不得进入

国家规定的铁路建筑限界。

对铁路建筑限界的管理,是铁路运输安全管理的重要组成部分。对进入建筑限界这种直接危害铁路运输安全的行为,应当予以制止,否则有可能造成车毁人亡的行车事故。因此,条例对进入国家规定的铁路建筑限界的行为作出了明确的禁止性规定。需要指出的是,对于与机车车辆有直接互相作用的设备,如车辆减速器、路签授受器、接触电线以及其他保障铁路正常运行的设施设备,应当排除在本条规定之外。

想一想

铁路机车车辆限界和建筑限界有什么关系?

五、对铁路线路、桥梁、设备的保护

(一)对铁路线路的保护

在铁路线路两侧建造、设立生产、加工、储存或者销售易燃、易爆或者放射性物品等危险物品的场所、仓库,应当符合国家标准、行业标准规定的安全防护距离。

在铁路线路两侧从事采矿、采石或者爆破作业,应当遵守有关采矿和民用爆破的法律法规,符合国家标准、行业标准和铁路安全保护要求。在铁路线路路堤坡脚、路堑坡顶、铁路桥梁外侧起向外各1000米范围内,以及在铁路隧道上方中心线两侧各1000米范围内,确需从事露天采矿、采石或者爆破作业的,应当与铁路运输企业协商一致,依照有关法律法规的规定报县级以上地方人民政府有关部门批准,采取安全防护措施后方可进行。

高速铁路线路路堤坡脚、路堑坡顶或者铁路桥梁外侧起向外各200米范围内禁止抽取地下水。在前款规定范围外,高速铁路线路经过的区域属于地面沉降区域,抽取地下水危及高速铁路安全的,应当设置地下水禁止开采区或者限制开采区,具体范围由铁路监督管理机构会同县级以上地方人民政府水行政主管部门提出方案,报省、自治区、直辖市人民政府批准并公告。

在电气化铁路附近从事排放粉尘、烟尘及腐蚀性气体的生产活动,超过国家规定的排放标准,危及铁路运输安全的,由县级以上地方人民政府有关部门依法责令整改,消除安全隐患。

任何单位和个人不得擅自在铁路桥梁跨越处河道上下游各1000米范围内围垦造田、拦河筑坝、架设浮桥或者修建其他影响铁路桥梁安全的设施。因特殊原因确需在前款规定的范围内进行围垦造田、拦河筑坝、架设浮桥等活动的,应当进行安全论证,负责审批的机关在批准前应当征求有关铁路运输企业的意见。

(二)禁止采砂、淘金

禁止在铁路桥梁跨越处河道上下游的下列范围内采砂、淘金:

(1) 跨河桥长 500 米以上的铁路桥梁,河道上游 500 米,下游 3000 米。
(2) 跨河桥长 100 米以上不足 500 米的铁路桥梁,河道上游 500 米,下游 2000 米。
(3) 跨河桥长不足 100 米的铁路桥梁,河道上游 500 米,下游 1000 米。

有关部门依法在铁路桥梁跨越处河道上下游划定的禁采范围大于前款规定的禁采范围的,按照划定的禁采范围执行。县级以上地方人民政府水行政主管部门、国土资源主管部门应当按照各自职责划定禁采区域、设置禁采标志,制止非法采砂、淘金行为。

(三) 对铁路桥梁的保护

在铁路桥梁跨越处河道上下游各 500 米范围内进行疏浚作业,应当进行安全技术评价,有关河道、航道管理部门应当征求铁路运输企业的意见,确认安全或者采取安全技术措施后,方可批准进行疏浚作业。但是,依法进行河道、航道日常养护、疏浚作业的除外。

铁路、道路两用桥由所在地铁路运输企业和道路管理部门或者道路经营企业定期检查、共同维护,保证桥梁处于安全的技术状态。铁路、道路两用桥的墩、梁等共用部分的检测、维修由铁路运输企业和道路管理部门或者道路经营企业共同负责,所需费用按照公平合理的原则分担。

铁路的重要桥梁和隧道按照国家有关规定由中国人民武装警察部队负责守卫。

船舶通过铁路桥梁应当符合桥梁的通航净空高度并遵守航行规则。桥区航标中的桥梁航标、桥柱标、桥梁水尺标由铁路运输企业负责设置、维护,水面航标由铁路运输企业负责设置,航道管理部门负责维护。

下穿铁路桥梁、涵洞的道路应当按照国家标准设置车辆通过限高、限宽标志和限高防护架。城市道路的限高、限宽标志由当地人民政府指定的部门设置并维护,公路的限高、限宽标志由公路管理部门设置并维护。限高防护架在铁路桥梁、涵洞、道路建设时设置,由铁路运输企业负责维护。机动车通过下穿铁路桥梁、涵洞的道路,应当遵守限高、限宽规定。下穿铁路涵洞的管理单位负责涵洞的日常管理、维护,防止淤塞、积水。

铁路线路安全保护区内的道路和铁路线路路堑上的道路、跨越铁路线路的道路桥梁,应当按照国家有关规定设置防止车辆以及其他物体进入、坠入铁路线路的安全防护设施和警示标志,并由道路管理部门或者道路经营企业维护、管理。

(四) 对信号设备及道口的保护

架设、铺设铁路信号和通信线路、杆塔应当符合国家标准、行业标准和铁路安全防护要求。铁路运输企业、为铁路运输提供服务的电信企业应当加强对铁路信号和通信线路、杆塔的维护和管理。

设置或者拓宽铁路道口、铁路人行过道,应当征得铁路运输企业的同意。

铁路与道路交叉的无人看守道口应当按照国家标准设置警示标志;有人看守道口应当设置移动栏杆、列车接近报警装置、警示灯、警示标志、铁路道口路段标线等安全防护设施。道口移动栏杆、列车接近报警装置、警示灯等安全防护设施由铁路运输企业设置、维护;警示标志、铁路道口路段标线由铁路道口所在地的道路管理部门设置、维护。

机动车或者非机动车在铁路道口内发生故障或者装载物掉落的,应当立即将故障车辆或者掉落的装载物移至铁路道口停止线以外或者铁路线路最外侧钢轨 5 米以外的安全地点。无法立即移至安全地点的,应当立即报告铁路道口看守人员;在无人看守道口,应当立即在道口两端采取措施拦停列车,并就近通知铁路车站或者公安机关。

履带车辆等可能损坏铁路设施设备的车辆、物体通过铁路道口,应当提前通知铁路道口管理单位,在其协助、指导下通过,并采取相应的安全防护措施。

(五) 标志设置

在下列地点,铁路运输企业应当按照国家标准、行业标准设置易于识别的警示、保护标志:
(1) 铁路桥梁、隧道的两端。
(2) 铁路信号、通信光(电)缆的埋设、铺设地点。
(3) 电气化铁路接触网、自动闭塞供电线路和电力贯通线路等电力设施附近易发生危险的地点。

禁止毁坏铁路线路、站台等设施设备和铁路路基、护坡、排水沟、防护林木、护坡草坪、铁路线路封闭网及其他铁路防护设施。

(六) 禁止实施危及铁路通信、信号设施安全的行为

禁止实施下列危及铁路通信、信号设施安全的行为:
(1) 在埋有地下光(电)缆设施的地面上方进行钻探,堆放重物、垃圾,焚烧物品,倾倒腐蚀性物质。
(2) 在地下光(电)缆两侧各 1 米的范围内建造、搭建建筑物、构筑物等设施。
(3) 在地下光(电)缆两侧各 1 米的范围内挖砂、取土。
(4) 在过河光(电)缆两侧各 100 米的范围内挖砂、抛锚或者进行其他危及光(电)缆安全的作业。

(七) 禁止实施危害电气化铁路设施的行为

禁止实施下列危害电气化铁路设施的行为:
(1) 向电气化铁路接触网抛掷物品。
(2) 在铁路电力线路导线两侧各 500 米的范围内升放风筝、气球等低空飘浮物体。
(3) 攀登铁路电力线路杆塔或者在杆塔上架设、安装其他设施设备。
(4) 在铁路电力线路杆塔、拉线周围 20 米范围内取土、打桩、钻探或者倾倒有害化学物品。
(5) 触碰电气化铁路接触网。

县级以上各级人民政府及其有关部门、铁路运输企业应当依照地质灾害防治法律法规的规定,加强铁路沿线地质灾害的预防、治理和应急处理等工作。

铁路运输企业应当对铁路线路、铁路防护设施和警示标志进行经常性巡查和维护;对巡查中发现的安全问题应当立即处理,不能立即处理的应当及时报告铁路监督管理机构。巡查和处理情况应当记录留存。

单元三　铁路运营安全

一、铁路运营安全的相关保障

(一) 法律保障

铁路运输企业应当依照法律、行政法规和国务院铁路行业监督管理部门的规定,制定铁路运输安全管理制度,完善相关作业程序,保障铁路旅客和货物运输安全。

(二) 人员保障

铁路机车车辆驾驶员应当参加国务院铁路行业监督管理部门组织的考试,考试合格方可上岗。具体办法由国务院铁路行业监督管理部门制定。

铁路运输企业应当加强铁路专业技术岗位和主要行车工种岗位从业人员的业务培训和安全培训,提高从业人员的业务技能和安全意识。

铁路运输企业的从业人员应当按照操作规程使用、管理铁路设施设备。

(三) 制度保障

铁路运输企业应当加强运输过程中的安全防护,使用的运输工具、装载加固设备以及其他专用设施设备应当符合国家标准、行业标准和安全要求。

铁路运输企业应当建立健全铁路设施设备的检查防护制度,加强对铁路设施设备的日常维护检修,确保铁路设施设备性能完好和安全运行。

在法定假日和传统节日等铁路运输高峰期或者恶劣气象条件下,铁路运输企业应当采取必要的安全应急管理措施,加强铁路运输安全检查,确保运输安全。

铁路运输企业应当在列车、车站等场所公告旅客、列车工作人员以及其他进站人员遵守的安全管理规定。

公安机关应当按照职责分工,维护车站、列车等铁路场所和铁路沿线的治安秩序。

(四) 旅客的安全保护责任

铁路运输企业应当按照国务院铁路行业监督管理部门的规定实施火车票实名购买、查验制度。实施火车票实名购买、查验制度的,旅客应当凭有效身份证件购票乘车;对车票所记载身份信息与所持身份证件或者真实身份不符的持票人,铁路运输企业有权拒绝其进站乘车。铁路运输企业应当采取有效措施为旅客实名购票、乘车提供便利,并加强对旅客身份信息的保护。铁路运输企业工作人员不得窃取、泄露旅客身份信息。

铁路运输企业应当依照法律、行政法规和国务院铁路行业监督管理部门的规定,对旅客及其随身携带、托运的行李物品进行安全检查。从事安全检查的工作人员应当佩戴安全检查标志,依法履行安全检查职责,并有权拒绝不接受安全检查的旅客进站乘车和托运行李物品。

旅客应当接受并配合铁路运输企业在车站、列车实施的安全检查,不得违法携带、夹带管制器具,不得违法携带、托运烟花爆竹、枪支弹药等危险物品或者其他违禁物品。禁止或者限制携带的物品种类及其数量由国务院铁路行业监督管理部门会同公安机关规定,并在车站、列车等场所公布。

二、禁止的托运、承运行为

铁路运输托运人托运货物、行李、包裹,不得有下列行为:
(1)匿报、谎报货物品名、性质、重量。
(2)在普通货物中夹带危险货物,或者在危险货物中夹带禁止配装的货物。
(3)装车、装箱超过规定重量。

铁路运输企业应当对承运的货物进行安全检查,并不得有下列行为:
(1)在非危险货物办理站办理危险货物承运手续。
(2)承运未接受安全检查的货物。
(3)承运不符合安全规定、可能危害铁路运输安全的货物。

三、禁止实施的危害铁路安全的行为

禁止实施下列危害铁路安全的行为:
(1)非法拦截列车、阻断铁路运输。
(2)扰乱铁路运输指挥调度机构以及车站、列车的正常秩序。
(3)在铁路线路上放置、遗弃障碍物。
(4)击打列车。
(5)擅自移动铁路线路上的机车车辆,或者擅自开启列车车门、违规操纵列车紧急制动设备。
(6)拆盗、损毁或者擅自移动铁路设施设备、机车车辆配件、标桩、防护设施和安全标志。
(7)在铁路线路上行走、坐卧或者在未设道口、人行过道的铁路线路上通过。
(8)擅自进入铁路线路封闭区域或者在未设置行人通道的铁路桥梁、隧道通行。
(9)擅自开启、关闭列车的货车阀、盖或者破坏施封状态。
(10)擅自开启列车中的集装箱箱门,破坏箱体、阀、盖或者施封状态。
(11)擅自松动、拆解、移动列车中的货物装载加固材料、装置和设备。
(12)钻车、扒车、跳车。
(13)从列车上抛扔杂物。
(14)在动车组列车上吸烟或者在其他列车的禁烟区域吸烟。
(15)强行登乘或者以拒绝下车等方式强占列车。
(16)冲击、堵塞、占用进出站通道或者候车区、站台。

单元四 监督检查与法律责任

一、监督检查

铁路监管部门应当对从事铁路建设、运输、设备制造维修的企业执行本条例的情况实施监督检查,依法查处违反本条例规定的行为,依法组织或者参与铁路安全事故的调查处理。铁路监管部门应当建立企业违法行为记录和公告制度,对违反本条例被依法追究法律责任的从事铁路建设、运输、设备制造维修的企业予以公布。

铁路监管部门应当加强对铁路运输高峰期和恶劣气象条件下运输安全的监督管理,加强对铁路运输的关键环节、重要设施设备的安全状况以及铁路运输突发事件应急预案的建立和落实情况的监督检查。

铁路监管部门和县级以上人民政府安全生产监督管理部门应当建立信息通报制度和运输安全生产协调机制。发现重大安全隐患,铁路运输企业难以自行排除的,应当及时向铁路监管部门和有关地方人民政府报告。地方人民政府获悉铁路沿线有危及铁路运输安全的重要情况,应当及时通报有关的铁路运输企业和铁路监管部门。

铁路监管部门发现安全隐患,应当责令有关单位立即排除。重大安全隐患排除前或者排除过程中无法保证安全的,应当责令从危险区域内撤出人员、设备,停止作业;重大安全隐患排除后方可恢复作业。

实施铁路安全监督检查的人员执行监督检查任务时,应当佩戴标志或者出示证件。任何单位和个人不得阻碍、干扰安全监督检查人员依法履行安全检查职责。

二、法律责任

铁路建设单位和铁路建设的勘察、设计、施工、监理单位违反规定的,由铁路监管部门依照有关工程建设、招标投标管理的法律、行政法规的规定处罚。

铁路建设单位未对高速铁路和地质构造复杂的铁路建设工程实行工程地质勘察监理,或者在铁路线路及其邻近区域进行铁路建设工程施工不执行铁路营业线施工安全管理规定,影响铁路运营安全的,由铁路监管部门责令改正,处10万元以上50万元以下的罚款。

依法应当进行产品认证的铁路专用设备未经认证合格,擅自出厂、销售、进口、使用的,依照《中华人民共和国认证认可条例》的规定处罚。

铁路机车车辆以及其他专用设备制造者未按规定召回缺陷产品,采取措施消除缺陷的,由国务院铁路行业监督管理部门责令改正;拒不改正的,处缺陷产品货值金额1%以上10%以下的罚款;情节严重的,由国务院铁路行业监督管理部门吊销相应的许可证件。

有下列情形之一的,由铁路监督管理机构责令改正,处2万元以上10万元以下的罚款:

(1)用于铁路运输的安全检测、监控、防护设施设备,集装箱和集装化用具等运输器具、专用装卸机械、索具、篷布、装载加固材料或者装置、运输包装、货物装载加固等,不符合国家标准、行业标准和技术规范。

(2)不按照国家有关规定和标准设置、维护铁路封闭设施、安全防护设施。

(3)架设、铺设铁路信号和通信线路、杆塔不符合国家标准、行业标准和铁路安全防护要求,或者未对铁路信号和通信线路、杆塔进行维护和管理。

(4)运输危险货物不依照法律法规和国家其他有关规定使用专用的设施设备。

在铁路线路安全保护区内烧荒、放养牲畜、种植影响铁路线路安全和行车瞭望的树木等植物,或者向铁路线路安全保护区排污、倾倒垃圾以及其他危害铁路安全的物质的,由铁路监督管理机构责令改正,对单位可以处 5 万元以下的罚款,对个人可以处 2000 元以下的罚款。

未经铁路运输企业同意或者未签订安全协议,在铁路线路安全保护区内建造建筑物、构筑物等设施,取土、挖砂、挖沟、采空作业或者堆放、悬挂物品,或者违反保证铁路安全的国家标准、行业标准和施工安全规范,影响铁路运输安全的,由铁路监督管理机构责令改正,可以处 10 万元以下的罚款。铁路运输企业未派员对铁路线路安全保护区内施工现场进行安全监督的,由铁路监督管理机构责令改正,可以处 3 万元以下的罚款。

在铁路线路安全保护区及其邻近区域建造或者设置的建筑物、构筑物、设备等进入国家规定的铁路建筑限界,或者在铁路线路两侧建造、设立生产、加工、储存或者销售易燃、易爆或者放射性物品等危险物品的场所、仓库不符合国家标准、行业标准规定的安全防护距离的,由铁路监督管理机构责令改正,对单位处 5 万元以上 20 万元以下的罚款,对个人处 1 万元以上 5 万元以下的罚款。

有下列行为之一的,分别由铁路沿线所在地县级以上地方人民政府水行政主管部门、国土资源主管部门或者无线电管理机构等依照有关水资源管理、矿产资源管理、无线电管理等法律、行政法规的规定处罚:

(1)未经批准在铁路线路两侧各 1000 米范围内从事露天采矿、采石或者爆破作业。

(2)在地下水禁止开采区或者限制开采区抽取地下水。

(3)在铁路桥梁跨越处河道上下游各 1000 米范围内围垦造田、拦河筑坝、架设浮桥或者修建其他影响铁路桥梁安全的设施。

(4)在铁路桥梁跨越处河道上下游禁止采砂、淘金的范围内采砂、淘金。

(5)干扰铁路运营指挥调度无线电频率正常使用。

铁路运输企业、道路管理部门或者道路经营企业未履行铁路、道路两用桥检查、维护职责的,由铁路监督管理机构或者上级道路管理部门责令改正;拒不改正的,由铁路监督管理机构或者上级道路管理部门指定其他单位进行养护和维修,养护和维修费用由拒不履行义务的铁路运输企业、道路管理部门或者道路经营企业承担。

机动车通过下穿铁路桥梁、涵洞的道路未遵守限高、限宽规定的,由公安机关依照道路交通安全管理法律、行政法规的规定处罚。

违反本条例第四十八条、第四十九条关于铁路道口安全管理的规定的,由铁路监督管理机构责令改正,处 1000 元以上 5000 元以下的罚款。

违反本条例第五十一条、第五十二条、第五十三条、第七十七条规定的,由公安机关责令改正,对单位处1万元以上5万元以下的罚款,对个人处500元以上2000元以下的罚款。

铁路运输托运人托运货物、行李、包裹时匿报、谎报货物品名、性质、重量,或者装车、装箱超过规定重量的,由铁路监督管理机构责令改正,可以处2000元以下的罚款;情节较重的,处2000元以上2万元以下的罚款;将危险化学品谎报或者匿报为普通货物托运的,处10万元以上20万元以下的罚款。

铁路运输托运人在普通货物中夹带危险货物,或者在危险货物中夹带禁止配装的货物的,由铁路监督管理机构责令改正,处3万元以上20万元以下的罚款。

铁路运输托运人运输危险货物未配备必要的应急处理器材、设备、防护用品,或者未按照操作规程包装、装卸、运输危险货物的,由铁路监督管理机构责令改正,处1万元以上5万元以下的罚款。

铁路运输托运人运输危险货物不按照规定配备必要的押运人员,或者发生危险货物被盗、丢失、泄漏等情况不按照规定及时报告的,由公安机关责令改正,处1万元以上5万元以下的罚款。

旅客违法携带、夹带管制器具或者违法携带、托运烟花爆竹、枪支弹药等危险物品或者其他违禁物品的,由公安机关依法给予治安管理处罚。

铁路运输企业有下列情形之一的,由铁路监管部门责令改正,处2万元以上10万元以下的罚款:

(1)在非危险货物办理站办理危险货物承运手续。
(2)承运未接受安全检查的货物。
(3)承运不符合安全规定、可能危害铁路运输安全的货物。
(4)未按操作规程包装、装卸、运输危险货物。

铁路监管部门及其工作人员应当严格按照本条例规定的处罚种类和幅度,根据违法行为的性质和具体情节行使行政处罚权,具体办法由国务院铁路行业监督管理部门制定。

铁路运输企业工作人员窃取、泄露旅客身份信息的,由公安机关依法处罚。

从事铁路建设、运输、设备制造维修的单位违反本条例规定,对直接负责的主管人员和其他直接责任人员依法给予处分。

铁路监管部门及其工作人员不依照本条例规定履行职责的,对负有责任的领导人员和直接责任人员依法给予处分。

违反本条例规定,给铁路运输企业或者其他单位、个人财产造成损失的,依法承担民事责任。违反本条例规定,构成违反治安管理行为的,由公安机关依法给予治安管理处罚;构成犯罪的,依法追究刑事责任。

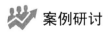

案例研讨

案例4-1:违规作出建设工程规划许可危害高铁运行安全案

案例描述:2019年,武汉某公司获得了孝感市孝南区自然资源和规划局作出的建设工程规划许可证,在孝南经济开发区的武孝城际铁路孝感东特大桥东侧开发建设还建房项目,施工现场已开挖的基坑深度约7米。按照规划,建成后的主建筑物共26层,高78.3米,楼栋距离铁路桥梁外侧仅14.89米,该小区围墙距离铁路桥梁外侧仅8.76米,未达到《铁路安全管理条例》规定的12米距离,侵入了铁路线路安全保护区。2020年5月,武汉铁路运输检察院通过与中国铁路武汉局集团有限公司(以下简称武汉铁路局)武汉高铁工务段建立的线索移交信息共享平台发现该线索,并于5月27日正式立案。经调查核实,孝南区规划局作出前述建设工程规划许可时,采用了从铁路中心线起算距离的方式,而非法定的从铁路桥梁外侧起算的方式,致使该规划方案的实际退让距离仅14.89米,远低于20米的规定标准。另查明,孝南区规划局在作出建设规划许可前,曾向湖北省城际铁路有限责任公司进行函询,该公司书面回复称由于铁路已开通运营,沿线相关建设项目的设计和施工方案应当经武汉铁路局同意并签订安全协议,并由企业对施工现场实行安全监督后方可施工,但该局并未将规划建设方案报送武汉铁路局审查。

请运用所学知识对本案进行评析。

案例4-2:树木侵入架空电力线路安全保护区危害铁路运行安全案

案例描述: 江苏省南京市玄武区某小区建于十多年前,有三幢居民楼靠近京沪铁路,小区建成时,物业为防尘降噪,在靠近铁路的围墙处种了40多棵小杨树。十多年后,小杨树已长成20多米高的大树,有的枝叶已经越过围墙伸向铁路。树木到铁路的距离小于10米,树木与线路中心最近距离约8.5米,树枝距带电体最小距离仅1.2米,违反了《铁路安全管理条例》《电力设施保护条例》的有关规定,危及电力设施安全,不仅给京沪铁路运行造成安全隐患,也影响到周边居民生命财产安全。2020年7月,中铁电气化铁路运营管理有限公司上海维管处南京维管段将该线索移送南京铁路运输检察院(以下简称南京铁检院),该院对线索进行现场核实后,决定立案调查。经查,南京维管段于2015年初就开始整治此处危树隐患,但因部分业主不理解、不支持,该问题历经5年之久仍未得到有效解决。2020年8月5日,南京铁检院向南京市绿化园林局及玄武区锁金村街道办事处发出诉前检察建议,建议其依法履行行政管理职责,对危及铁路安全的杨树进行依法处理,采取必要措施,消除安全隐患。收到检察建议后,南京市绿化园林局和玄武区锁金村街道办事处高度重视,在南京铁检院的沟通协调下,由检察机关、社区居委会和铁路部门三方商定治理方案,并积极督促小区所在的社区居委会联合小区业委会和物业公司,向靠近铁路的三幢居民楼居民逐户登门宣讲,播放事故视频等视听资料,解释法律规定以及安全隐患的严重性。通过耐心细致的释法说理,取得了绝大多数业主的理解支持,并逐一在治理方案上签字认可。2020年8月24日至28日,铁路管理单位按照治理方案,委托有资质的园林公司对小区树木进行修剪。9月2日,南京铁检院到现场跟进监督,确认持续5年之久的铁路安全隐患得到解决。

请运用所学知识对本案进行评析。

案例4-3:违章作业危害铁路运行安全案

案例描述: 杭州某公司的一处砂石料场位于杭州市拱墅区康桥街道境内,处于宣杭铁路供电塔之间的高压电线下方,电力接触网的绝缘安全范围为最外两侧电力线水平向外7米并垂直于地面的闭环空间。该砂石料场在作业过程中,常年存在侵入铁路架空电力线路绝缘安全范围的情形,并在2019年1月造成铁路接触网跳闸事故,导致列车停运。事故发生后,中国铁路上海局集团有限公司(以下简称上海局)杭州供电段曾与该公司及相关部门进行反复沟通,问题均未得到解决。

2019年11月,上海局杭州供电段向浙江省人民检察院举报中心移送该线索,浙江省人民检察院将该线索交由杭州铁路运输检察院(以下简称杭铁院)办理。杭州铁检院收到该线索后,商请杭州市拱墅区人民检察院协助调查,两所检察院派员组成办案组以实地勘验、询问走访等方式开展调查。经查,现场堆积的砂石料达数万方,并有挖掘机以及渣土车等大型设备在电力线下作业,砂石堆、设备与电力线的距离均不满足电气化铁路绝缘安全范围要求。同时,该砂石料厂在铁轨边搭建了长度约200米的彩钢瓦房,彩钢瓦属于漂浮物,大风时容易触碰铁路架空电力线造成电力短路,或入侵铁轨威胁铁路运行安全。杭州市拱墅区康桥街道办事处未依法全面履行辖区内保障铁路安全、电力设施保护区内电力设施安全的法定职责。

2019年12月24日,杭州铁检院以行政公益诉讼正式立案,在拱墅区检察院协助下,先后与杭州市规划与自然资源局拱墅分局、拱墅区住建局、康桥街道办等单位进行诉前磋商,就砂石料场存在的安全隐患沟通交流。2020年1月3日,杭州铁检院向康桥街道办制发诉前检察建议,督促其责令杭州国润公司采取有效措施拆除安全范围内的制砂设备、彩钢瓦并清除现场砂石。其间,检察机关持续跟进监督,发现该砂石料场所在地块系杭州国润公司向当地经济合作社承租,其对铁路线路安全保护区内的部分区域系违法承租,该场地整改将连带影响涉案企业其他合法场地的正常经营,该民营企业将面临惨重经济损失。为同时保障铁路安全和民营企业有序健康发展,检察机关组织康桥街道办、当地经济合作社、杭州铁路部门、杭州国润公司负责人召开联席会议,进行多轮协商,一方面做好释法说理,促使杭州国润公司充分认识到其违法承租和经营行为的安全隐患,另一方面积极协调解决企业面临的困难,由当地经济合作社择址另行安排场地交由杭州国润公司继续经营。2020年5月18日,涉案企业已有序清理现场砂石,拆除彩钢瓦房,停止该处砂石料场的运营,安全隐患被彻底消除。

请运用所学知识对本案进行评析。

案例4-4:违规养殖畜禽危害铁路运行安全案

案例描述: 2017年,位于湖北省阳新县浮屠镇的阳新县华实种养殖专业合作社擅自在武九客运专线铁路两侧搭建建筑物,从事畜禽规模养殖,其中占用铁路线路安全保护区面积293平方米。其养殖的羊等畜禽频繁侵入铁路线路内,多次发生逼停列车事故,严重危及铁路行车安全。同时,其在铁路箱涵内堆放杂物,畜禽粪便、污水未经无害化处理直接排放,也污染了铁路沿线生态环境。2019年12月10日,铁路部门向湖北省阳新县人民检察院(以下简称阳新县检察院)移送该线索。经核实,华实合作社违反了《中华人民共和国畜牧法》《中华人民共和国动物防疫法》《铁路安全管理条例》的有关规定,严重威胁铁路运行安全,侵害了国家利益和社会公共利益。阳新县检察院于2020年1月2日依法立案,同年1月16日向阳新县农业农村局送达检察建议书,建议该局依法履行监督管理职责,对华实合作社的违法行为进行处理。因阳新县农业农村局未在法定期限内书面回复检察建议,且2020年4月再次发生了华实合作社养殖的羊进入铁路线路内与列车相撞并逼停列车的安全事故。2020年6月22日,阳新县检察院联合铁路工作人员再次对华实合作社进行现场勘查,发现华实合作社的违法行为并未得到制止。阳新县检察院再次主动与阳新县农业农村局沟通磋商,督促其依法及时履职并书面回复履职情况。2020年8月18日,阳新县农业农村局向检察机关书面回复称,已要求华实合作社迅速停止猪牛羊鸡混养、放养行为;已发函建议浮屠镇人民政府迅速将华实合作社现有养殖栏舍进行关闭搬迁;对华实合作社的粪污处理进行了改造;加强了对华实合作社的监管,落实了监管责任人。2020年9月30日,阳新县检察院和阳新县铁路护路联防工作领导小组办公室、铁路部门、行政机关等共同对华实合作社整改情况进行现场检查,发现华实合作社仍在违法经营,公共利益受到侵害的状态依然持续。2020年10月9日,阳新县检察院向阳新县人民法院提起行政公益诉讼,认为阳新县农业农村局虽然对华实合作社养殖场前述违法情形履行了部分监管职责,但是对该养殖场选址违反相关法律规定等行为未依法进行处理,导致铁路行车安全和生态环境持续受到侵害,请求判令阳新县农业农村局继续履行监督管理职责。2020年10月22日,阳新县检察院审查认为,虽然阳新县农业农村局已在诉讼期间依法履职,但其在收到检察建议后怠于履职,既未按时回复也未积极整改,其间再次发生逼停列车的安全事故,导致公益损害进一步扩大,决定变更诉讼请求为确认阳新县农业农村局未依法全面履职的行为违法。2020年11月10日,阳新县人民法院依法判决支持检察机关诉讼请求。

请运用所学知识对本案进行评析。

复习思考题

1. 为什么要设立铁路线路安全保护区?
2. 为什么禁止在铁路线路安全保护区内烧荒、放养牲畜、种植影响铁路线路安全和行车瞭望的树木等植物?
3. 铁路运输企业应当按照国家标准、行业标准在哪些地点设置易于识别的警示、保护标志?
4. 铁路运输托运人托运货物、行李、包裹,不得有哪些行为?
5. 哪些行为应由铁路沿线所在地县级以上地方人民政府水行政主管部门、国土资源主管部门或者无线电管理机构等依照有关水资源管理、矿产资源管理、无线电管理等法律、行政法规的规定进行处罚?

模块五
《铁路交通事故应急救援和调查处理条例》知识

模块描述

本模块从处理铁路交通事故的应急工作出发,主要介绍铁路交通事故的救援与报告及调查处理,并以案例的形式分析铁路交通事故救援工作。

教学目标

1. 知识目标

(1)掌握铁路交通事故等级的划分及报告程序。

(2)掌握铁路交通事故的调查处理及赔偿原则,加深对铁路安全生产、依法运营的深刻认识。

2. 能力目标

(1)使学生掌握依法处理铁路交通事故应急救援的能力。

(2)掌握铁路交通事故救援组织方法,进而提升学生的组织管理水平,适应铁路运输企业对员工职业操守的严格要求。

3. 素质目标

培养职业法律素质,从而能够依法处理铁路事故应急救援和调查处理工作。

建议学时

2 学时。

案例导入

1. 案例简介

2013 年 11 月 22 日 10:55,山海关工务段盘锦北线路车间一工区作业班长刘某带领 4 名作业人员进入封闭网作业,11:07,D21 次(北京至长春)列车通过后,刘某组作业人员在下行线北侧顺线路行走 100 米后横越下行线和上行线。11:10,从哈尔滨开往北京方向的 D28 次列车运行至京哈上行线台安至盘锦北间 K552+305 处,撞上 5 名横过线路的作业人员,造成 4 死 1 伤。

4名死者包括一名刚上岗两个月的高职毕业生,两名刚参加工作不久的大学生,3人年龄均在23岁左右,另外一名死者是28岁的现场防护员。作业班长刘某在事故中受伤,无生命危险。当日刘某组作业人员的计划作业时间为10:59—12:42,作业内容为台安至盘锦北间线路的改道、垫板和捣固。作业人员携带两台眼镜蛇捣固镐、一台液压起拨道器和大锤、道尺、耙子。D28次列车正点通过该路段时间应为10:50左右,早于刘某组作业人员的当日计划作业时间。而事故发生的时间是11:10,D28次列车通过此路段时晚点了20分钟左右。

2. 案例分析

铁路线路工作人员的工作时段精确到分秒。案例中的作业时间,铁路系统对此有一个专业术语——天窗,即指在铁路24小时不间断的运行图内不铺画列车运行线或减少列车运行次数,为铁路维修养护、施工预留的空闲时间。天窗按工作项目分为施工天窗和维修天窗。按国铁集团规定,天窗作业由相关铁路局制订,国铁集团组织相关铁路局对施工日期、天窗、运输调整等事项进行协调。铁路局在"天窗集中修"时,要加强与相邻铁路局的联系,做好分界口施工的衔接工作,确保分界口天窗作业不错位。

在本次事故中,刘某组作业人员当日计划的作业时间为10:59—12:42,一共103分钟,这就是维修天窗,但D28次动车却在这个维修天窗中穿行而过,酿成悲剧。

为了加强铁路交通事故的应急救援工作,规范铁路交通事故调查处理,减少人员伤亡和财产损失,保障铁路运输安全和畅通,根据《铁路法》和其他有关法律的规定,国务院制定了《铁路交通事故应急救援和调查处理条例》,于2007年9月1日起施行。该条例适用于铁路机车车辆在运行过程中与行人、机动车、非机动车、牲畜及其他障碍物相撞,或者铁路机车车辆发生冲突、脱轨、火灾、爆炸等影响铁路正常行车的铁路交通事故的应急救援和调查处理。

国务院铁路主管部门应当加强铁路运输安全监督管理,建立健全事故应急救援和调查处理的各项制度,按照国家规定的权限和程序,负责组织、指挥、协调事故的应急救援和调查处理工作。

铁路管理机构应当加强日常的铁路运输安全监督检查,指导、督促铁路运输企业落实事故应急救援的各项规定,按照规定的权限和程序,组织、参与、协调本辖区内事故的应急救援和调查处理工作。

国务院其他有关部门和有关地方人民政府应当按照各自的职责和分工,组织、参与事故的应急救援和调查处理工作。

铁路运输企业和其他有关单位、个人应当遵守铁路运输安全管理的各项规定,防止和避免事故的发生。

事故发生后,铁路运输企业和其他有关单位应当及时、准确地报告事故情况,积极开展应急救援工作,减少人员伤亡和财产损失,尽快恢复铁路正常行车。

任何单位和个人不得干扰、阻碍事故应急救援、铁路线路开通、列车运行和事故调查处理。

单元一　事故等级与事故报告

一、事故等级

根据事故造成的人员伤亡、直接经济损失、列车脱轨辆数、中断铁路行车时间等情形,事故等级分为特别重大事故、重大事故、较大事故和一般事故。

(一) 特别重大事故

有下列情形之一的,为特别重大事故:

(1) 造成30人以上死亡,或者100人以上重伤(包括急性工业中毒,下同),或者1亿元以上直接经济损失的。

(2) 繁忙干线客运列车脱轨18辆以上并中断铁路行车48小时以上的。

(3) 繁忙干线货运列车脱轨60辆以上并中断铁路行车48小时以上的。

(二) 重大事故

有下列情形之一的,为重大事故:

(1) 造成10人以上30人以下死亡,或者50人以上100人以下重伤,或者5000万元以上1亿元以下直接经济损失的。

(2) 客运列车脱轨18辆以上的。

(3) 货运列车脱轨60辆以上的。

(4) 客运列车脱轨2辆以上18辆以下,并中断繁忙干线铁路行车24小时以上或者中断其他线路铁路行车48小时以上的。

(5) 货运列车脱轨6辆以上60辆以下,并中断繁忙干线铁路行车24小时以上或者中断其他线路铁路行车48小时以上的。

(三) 较大事故

有下列情形之一的,为较大事故:

(1) 造成3人以上10人以下死亡,或者10人以上50人以下重伤,或者1000万元以上5000万元以下直接经济损失的。

(2) 客运列车脱轨2辆以上18辆以下的。

(3) 货运列车脱轨6辆以上60辆以下的。

(4) 中断繁忙干线铁路行车6小时以上的。

(5) 中断其他线路铁路行车10小时以上的。

(四)一般事故

造成 3 人以下死亡,或者 10 人以下重伤,或者 1000 万元以下直接经济损失的,为一般事故。

除前款规定外,国务院铁路主管部门可以对一般事故的其他情形作出补充规定。

本单元所称的"以上"包括本数,所称的"以下"不包括本数。

二、事故报告

事故发生后,事故现场的铁路运输企业工作人员或者其他人员应当立即报告邻近铁路车站、列车调度员或者公安机关。有关单位和人员接到报告后,应当立即将事故情况报告事故发生地铁路管理机构。

铁路管理机构接到事故报告,应当尽快核实有关情况,并立即报告国务院铁路主管部门;对特别重大事故、重大事故,国务院铁路主管部门应当立即报告国务院并通报国家安全生产监督管理等有关部门。发生特别重大事故、重大事故、较大事故或者有人员伤亡的一般事故,铁路管理机构还应当通报事故发生地县级以上地方人民政府及其安全生产监督管理部门。

事故报告应当包括下列内容:

(1)事故发生的时间、地点、区间(线名、公里、米)、事故相关单位和人员。
(2)发生事故的列车种类、车次、部位、计长、机车型号、牵引辆数、吨数。
(3)承运旅客人数或者货物品名、装载情况。
(4)人员伤亡情况,机车车辆、线路设施、道路车辆的损坏情况,对铁路行车的影响情况。
(5)事故原因的初步判断。
(6)事故发生后采取的措施及事故控制情况。
(7)具体救援请求。

事故报告后出现新情况的,应当及时补报。

国务院铁路主管部门、铁路管理机构和铁路运输企业应当向社会公布事故报告值班电话,受理事故报告和举报。

单元二　事故应急救援与调查处理

一、事故应急救援

事故发生后,列车司机或者运转车长应当立即停车,采取紧急处置措施;对无法处置的,应当立即报告邻近铁路车站、列车调度员进行处置。

为保障铁路旅客安全或者因特殊运输需要不宜停车的,可以不停车;但是,列车司机或者运转车长应当立即将事故情况报告邻近铁路车站、列车调度员,接到报告的邻近铁路车站、列车调度员应当立即进行处置。

事故造成中断铁路行车的,铁路运输企业应当立即组织抢修,尽快恢复铁路正常行车;必要时,铁路运输调度指挥部门应当调整运输径路,减少事故影响。

事故发生后,国务院铁路主管部门、铁路管理机构、事故发生地县级以上地方人民政府或者铁路运输企业应当根据事故等级启动相应的应急预案;必要时,成立现场应急救援机构。

现场应急救援机构根据事故应急救援工作的实际需要,可以借用有关单位和个人的设施、设备和其他物资。借用单位使用完毕应当及时归还,并支付适当费用;造成损失的,应当赔偿。有关单位和个人应当积极支持、配合救援工作。

事故造成重大人员伤亡或者需要紧急转移、安置铁路旅客和沿线居民的,事故发生地县级以上地方人民政府应当及时组织开展救治和转移安置工作。

国务院铁路主管部门、铁路管理机构或者事故发生地县级以上地方人民政府根据事故救援的实际需要,可以请求当地驻军、武装警察部队参与事故救援。

有关单位和个人应当妥善保护事故现场以及相关证据,并在事故调查组成立后将相关证据移交事故调查组。因事故救援、尽快恢复铁路正常行车需要改变事故现场的,应当做出标记、绘制现场示意图、制作现场视听资料,并做出书面记录。任何单位和个人不得破坏事故现场,不得伪造、隐匿或者毁灭相关证据。

事故中死亡人员的尸体经法定机构鉴定后,应当及时通知死者家属认领;无法查找死者家属的,按照国家有关规定处理。

二、事故调查处理

特别重大事故由国务院或者国务院授权的部门组织事故调查组进行调查。重大事故由国务院铁路主管部门组织事故调查组进行调查。较大事故和一般事故由事故发生地铁路管理机构组织事故调查组进行调查;国务院铁路主管部门认为必要时,可以组织事故调查组对较大事故和一般事故进行调查。根据事故的具体情况,事故调查组由有关人民政府、公安机关、安全生产监督管理部门、监察机关等单位派人组成,并应当邀请人民检察院派人参加。事故调查组认为必要时,可以聘请有关专家参与事故调查。

事故调查组应当按照国家有关规定开展事故调查,并在下列调查期限内向组织事故调查组的机关或者铁路管理机构提交事故调查报告:

(1)特别重大事故的调查期限为60日。
(2)重大事故的调查期限为30日。
(3)较大事故的调查期限为20日。
(4)一般事故的调查期限为10日。

事故调查期限自事故发生之日起计算。

事故调查处理,需要委托有关机构进行技术鉴定或者对铁路设备、设施及其他财产损失状况以及中断铁路行车造成的直接经济损失进行评估的,事故调查组应当委托具有国家规定资质的机构进行技术鉴定或者评估。技术鉴定或者评估所需时间不计入事故调查期限。

事故调查报告形成后,报经组织事故调查组的机关或者铁路管理机构同意,事故调查组工作即告结束。组织事故调查组的机关或者铁路管理机构应当自事故调查组工作结束之日起15日内,根据事故调查报告,制作事故认定书。事故认定书是事故赔偿、事故处理以及事故责任追究的依据。

事故责任单位和有关人员应当认真吸取事故教训,落实防范和整改措施,防止事故再次发生。国务院铁路主管部门、铁路管理机构以及其他有关行政机关应当对事故责任单位和有关人员落实防范和整改措施的情况进行监督检查。

事故的处理情况,除依法应当保密的外,应当由组织事故调查组的机关或者铁路管理机构向社会公布。

三、事故赔偿

事故造成人身伤亡的,铁路运输企业应当承担赔偿责任;但是人身伤亡是不可抗力或者受害人自身原因造成的,铁路运输企业不承担赔偿责任。违章通过平交道口或者人行过道,或者在铁路线路上行走、坐卧造成的人身伤亡,属于受害人自身的原因造成的人身伤亡。

事故造成铁路运输企业承运的货物、包裹、行李损失的,铁路运输企业应当依照《铁路法》的规定承担赔偿责任。

事故当事人对事故损害赔偿有争议的,可以通过协商解决,或者请求组织事故调查组的机关或者铁路管理机构组织调解,也可以直接向人民法院提起民事诉讼。

四、法律责任

铁路运输企业及其职工违反法律、行政法规的规定,造成事故的,由国务院铁路主管部门或者铁路管理机构依法追究行政责任。

铁路运输企业及其职工不立即组织救援,或者迟报、漏报、瞒报、谎报事故的,对单位,由国务院铁路主管部门或者铁路管理机构处10万元以上50万元以下的罚款;对个人,由国务院铁路主管部门或者铁路管理机构处4000元以上2万元以下的罚款;属于国家工作人员的,依法给予处分;构成犯罪的,依法追究刑事责任。

国务院铁路主管部门、铁路管理机构以及其他行政机关未立即启动应急预案,或者迟报、漏报、瞒报、谎报事故的,对直接负责的主管人员和其他直接责任人员依法给予处分;构成犯罪的,依法追究刑事责任。

对于干扰和阻碍事故救援、铁路线路开通、列车运行和事故调查处理的,对单位,由国务院铁路主管部门或者铁路管理机构处4万元以上20万元以下的罚款;对个人,由国务院铁路主管部门或者铁路管理机构处2000元以上1万元以下的罚款;情节严重的,对单位,由国务院铁路主管部门或者铁路管理机构处20万元以上100万元以下的罚款;对个人,由国务院铁路主管部门或者铁路管理机构处1万元以上5万元以下的罚款;属于国家工作人员的,依法给予处分;构成违反治安管理行为的,由公安机关依法给予治安管理处罚;构成犯罪的,依法追究刑事责任。

案例研讨

案例 5-1：铁路员工破坏铁轨案

案例描述：2014年4月13日3:17，由黑河开往哈尔滨的K7034次旅客列车运行至绥北线海伦至东边井区间，6节车厢发生脱线事故，事故造成15人受伤，11趟列车停运。事故发生后，铁路部门组成400余人的抢险队伍，紧急调运抢修设备和路料等救援物资，全力组织事故救援和线路抢修工作。经过勘查，在现场发现一条脱轨的铁轨。这条铁轨长度为12米，连接铁轨与枕木之间的螺栓，必须通过专业工具才能卸载。这条12米长的铁轨原本属于线路上的，但却完整地脱离原有轨道，警方由此将此案确定为人为破坏，并把更多精力放在铁路系统职工范围内。在进行海量的普查之后，工务段的吴某被警方纳入怀疑范围。吴某此前是工务段的一名工长，在半年多以前，在内部竞聘中落败。此事可能成为吴某发泄不满情绪的诱因，故而吴某破坏铁轨泄愤。吴某破坏铁轨并非临时起意，整个事件由吴某一人完成。在初审中，吴某对火车脱轨所能造成的可怕后果似乎并未有充足的认识。

请运用所学知识对本案进行评析。

复习思考题

1. 哪些情形为特别重大事故？
2. 哪些情形为重大事故？
3. 哪些情形为较大事故？
4. 事故报告应当包括哪些内容？
5. 事故调查处理期限是如何规定的？

模块六
铁路运输合同

模块描述

本模块主要介绍铁路货物运输合同、铁路旅客运输合同以及铁路行李、包裹运输合同,并以案例的形式分析铁路货物运输合同纠纷的处理、铁路旅客运输合同纠纷的处理以及铁路旅客人身损害赔偿纠纷的处理。

教学目标

1. 知识目标

掌握铁路货物运输合同纠纷、旅客运输合同纠纷和铁路旅客人身损害赔偿纠纷处理的基本常识,加深对铁路安全生产、依法运营的深刻认识。

2. 能力目标

(1)提升灵活运用法律武器依法办事,依法律己,依法维护国家利益、企业利益和自身合法权益的能力。

(2)能够正确处理铁路客运、货运和人身损害的一般纠纷,进而提升客运服务水平和管理水平,适应铁路运输企业对员工职业操守的严格要求。

3. 素质目标

培养职业法律素质,从而能够依法解决铁路运输工作中的法律纠纷。

建议学时

10 学时。

案例导入

1. 案例简介

2019 年 8 月 22 日,原告高某购买了被告 A 铁路局所辖的 B 次列车车票出行。列车行驶过程中,原告在厕所门口等待上厕所时,将左手扶于厕所门框处,而另一名旅客因上厕所强力关门,致使原告左手无名指被夹断。经诊疗,原告左手无名指远节永久性缺失。

2. 案例分析

原告认为,被告作为铁路旅客运输合同的承运人,负有在约定期间内将作为旅客的原告安全运输到约定地点的义务,应对运输过程中旅客的伤亡承担损害赔偿责任,故诉请法院判令被告赔偿20万元。

被告在案件的审理中指出,列车厕所门不是自行关闭的,而是由另一名上厕所的旅客因没有注意到被告而关闭的;另外,厕所附近有"注意安全"警示牌,原告手被夹伤是由于自己没有尽到注意义务,应自行承担责任。

经法院主持调解,原被告双方达成调解协议:被告一次性赔偿原告21000元,被告放弃其他诉讼请求。

对于在火车上因第三人所致的损害铁路企业是否应当承担责任,这是本案审理的焦点问题。根据《最高人民法院关于审理铁路运输人身损害赔偿纠纷案件适用法律若干问题的解释》(以下简称《解释》)第十三条:"铁路旅客运送期间因第三人侵权造成旅客人身损害的,由实施侵权行为的第三人承担赔偿责任。铁路运输企业有过错的,应当在能够防止或者制止损害的范围内承担相应的补充赔偿责任。铁路运输企业承担赔偿责任后,有权向第三人追偿。"

本案中另一名旅客上厕所关门是否存在过错,应是案件审理的重点,若明知原告手在门框处,故意或过失关门,就应由其承担相应责任,适用《解释》第十三条;若不知原告手在门框处,其不构成侵权,就应由铁路企业承担相应责任,不适用《解释》第十三条。本着以人为本、稳定和谐的原则,法院调解解决此案是正确的。

单元一　铁路运输合同概述

一、铁路运输合同的概念

铁路运输合同,是明确铁路运输企业与旅客、托运人及收货人之间权利义务关系的协议。

铁路运输合同各方当事人作为民事主体,其法律地位是平等的,铁路运输企业与旅客、托运人或收货人之间具有权利义务对等关系。

铁路运输合同属于提供劳务的合同,它的标的是劳务,不是承运人所运送的货物或旅客。

二、铁路运输合同的分类

铁路运输合同根据其内容可以分为:铁路旅客运输合同、铁路包裹运输合同、铁路行李运输合同和铁路货物运输合同。旅客车票、行李票、包裹票和货物运单是合同或者合同的组成部分。

三、铁路运输合同的构成要素

铁路运输合同是合同的一种,也是由合同的主体、客体和内容三个要素构成的。

(一)铁路运输合同的主体

铁路运输合同的主体包括铁路运输企业、旅客、托运人和收货人。

1. 铁路运输企业

铁路运输企业在运输合同关系中称为承运人。《中华人民共和国铁路法》所称的铁路运输企业是指国家铁路运输企业和地方铁路运输企业。专用铁路在兼办公共客货运输时,适用《中华人民共和国铁路法》中关于铁路运输企业的规定。

2019年6月18日,中国国家铁路集团有限公司(以下简称国铁集团)在京挂牌成立。中国国家铁路集团有限公司是经国务院批准,依据《中华人民共和国公司法》设立,由中央管理的国有独资公司。经国务院批准,国铁集团为国家授权投资机构和国家控股公司,注册资本为17395亿元,由财政部代表国务院履行出资人职责。

中国国家铁路集团有限公司实行两级法人(中国国家铁路集团有限公司、铁路局集团公司)、三级管理(中国国家铁路集团有限公司、铁路局集团公司、站段)。中国国家铁路集团有限公司下设18个铁路局集团公司(设置运输站段845个),3个专业运输公司等34家企业,3个事业单位。

中国国家铁路集团有限公司以铁路客货运输为主业,实行多元化经营,负责铁路运输统一调度指挥,统筹安排路网性运力资源配置,承担国家规定的公益性运输任务,负责铁路行业运输收入清算和收入进款管理。

国家铁路运输企业是指铁路局集团公司。铁路的站段不是铁路运输企业,而是铁路运输企业的基层组织,只能以铁路局集团公司的名义进行运输生产活动,不能作为铁路运输合同的主体对待。

中国国家铁路集团有限公司所属企业

铁路局集团公司(18个),包括:

中国铁路哈尔滨局集团有限公司、中国铁路沈阳局集团有限公司、中国铁路北京局集团有限公司、中国铁路太原局集团有限公司、中国铁路呼和浩特局集团有限公司、中国铁路郑州局集团有限公司、中国铁路武汉局集团有限公司、中国铁路西安局集团有限公司、中国铁路济南局集团有限公司、中国铁路上海局集团有限公司、中国铁路南昌局集团有限公司、中国铁路广州局集团有限公司、中国铁路南宁局集团有限公司、中国铁路成都局集团有限公司、中国铁路昆明局集团有限公司、中国铁路兰州局集团有限公司、中国铁路乌鲁木齐局集团有限公司、中国铁路青藏集团有限公司。

专业运输公司(3个),包括:

中铁集装箱有限责任公司、中铁特货运输有限责任公司、中铁快运股份有限公司。

事业单位(3个),包括:

铁道党校、中国铁道博物馆、铁道战备舟桥处。

其他企业(12个),包括:

中国铁路投资有限公司、中国铁道科学研究院集团有限公司、中国铁路经济规划研究院有限公司、中国铁路信息科技有限责任公司、中国铁路设计集团有限公司、中国铁路国际有限公司、铁总服务有限公司、中国铁道出版社有限公司、《人民铁道》报业有限公司、中国铁路专运中心、中国铁路文工团、中国火车头体育工作队。

2. 托运人、收货人

托运人就是把货物、包裹或者行李交付铁路运输的人。收货人是指在到站领取到达的货物、包裹或者行李的人。铁路行李运输中，托运人、收货人即旅客本人。托运人、收货人可以是自然人、法人或者其他社会组织。

3. 旅客

旅客作为铁路运输合同的主体，是指具有相应民事行为能力的自然人。

民法典规定："当事人订立合同，应当具有相应的民事权力能力和民事行为能力。"依据民法典规定，民事权力能力指自然人在人身和财产方面能够享有民事权利和负担民事义务的能力或资格。

民事权力能力是与人身存在不可分离的。民事行为能力指自然人通过自己的行为，取得民事权利和承担民事义务，从而使法律关系发生、变更和消灭的能力和资格。

小知识

民事行为能力人分为以下三种。

（1）完全民事行为能力人

完全民事行为能力人指年满18周岁，智力正常的成年人。16周岁以上未满18周岁的未成年人，以自己的劳动收入为主要生活来源的，也视为完全民事行为能力人。即成年人可以独立地进行民事法律活动，独立享有民事权利和承担民事义务。

（2）限制民事行为能力人

限制民事行为能力人指8周岁以上，未满18周岁的未成年人和不能完全辨认自己行为的精神病人。未成年人年满8周岁后，可以简单地辨认自己的行为和周围的事物，可从事与其年龄和智力相适应的民事活动；精神病人可以进行与其健康状况相适应的民事活动。但限制民事行为能力人从事重大的民事活动，应由其法定或指定代理人代理。

（3）无民事行为能力人

无民事行为能力人指未满8周岁的未成年人和完全不能辨认自己行为的精神病人。无民事行为能力人，由于不能进行有意识的法律行为，因此其所享有的民事权利和民事义务，由其法定或指定代理人代为进行。

监护人一般为：父母；祖父母、外祖父母；兄、姐；近亲、朋友、其他合适人选；单位、居委、村委、民政。监护人应当履行监护职责，保护被监护人的人身、财产及其他合法权益。监护人不履行监护职责或者侵害被监护人的合法权益的，应当承担责任；给被监护人造成财产损失的，应当赔偿损失。

（二）铁路运输合同的客体

铁路运输合同的客体是指铁路运输的劳务行为（即服务行为）。

必须注意的是,铁路运输的对象是货物、行李、包裹或者旅客,但这些对象不是法律意义上的客体,而是客体所指向的事物。由于铁路运输企业与托运人或者旅客之间订立运输合同的目的是要按照托运人或者旅客的要求把货物、行李、包裹或旅客从始发地运至目的地,运输劳务行为才是合同双方权利义务所共同指向的目标,即标的。因此,只有铁路运输的劳务行为才是铁路运输合同的客体,而不是旅客或货物、行李、包裹本身。

(三)铁路运输合同的特点

铁路运输合同除了具有一般合同所具有的共同点外,还具有其自身的特点,主要表现在以下四个方面:

1. 铁路运输合同是标准格式合同

标准格式合同是指由合同的一方当事人(主要是有绝对权威的一方)根据有关法律、法规和规章印制的、具有固定式样和既定条款内容的标准合同文本,双方当事人在订立合同的时候,其主要内容、基本条款不需要协商,只需按照固定式样中预先留下的空项填写,双方确认后,合同即告成立。铁路的旅客车票、行李票、包裹票和货物运单都是标准合同,其主要内容、基本条款及具体形式,均由国务院铁路主管部门统一制定。

2. 铁路运输合同有法律上的强制性

铁路运输合同具有法律上的强制性,主要体现在当事人不能约定合同的一些基本内容,不能变更和修改,如旅客票价率、货物运价率等内容。

3. 铁路运输合同的主体具有特殊性

铁路货物、包裹运输合同,除具有一般合同的共性外,还有自身的特殊性。参加签订运输合同的当事人一般是承运人和托运人,但对于铁路货物、包裹运输合同,当托运人与收货人不是同一人时,收货人就成为参加货物、包裹运输合同关系的第三人。因而托运人与承运人双方签订货物运输合同时也相应地规定了收货人的权利、义务及违约责任。收货人虽然不参加订立货物运输合同,但与托运人所订立的合同密切相关,依法享有合同中相应的权利,同时也要承担合同规定的相应义务。

4. 铁路运输合同通常是诺成合同

铁路运输合同一般是以旅客乘运或托运人交付货物、行李、包裹作为承运人履行合同义务的条件而非合同成立的条件,所以铁路运输合同一般为诺成合同,但当事人可另行约定合同为实践合同。

四、铁路货物运输合同

(一)铁路货物运输合同的概念

铁路货物运输合同是铁路运输企业作为承运人将货物从起运地点运输到约定地点,托运人或收货人支付运输费用的合同。

(二)铁路货物运输合同的分类

(1)整车货物运输合同由"服务订单"和货物运单组成。
(2)零担货物运输合同为货物运单。
(3)集装箱货物运输合同为货物运单。
(4)包裹运输合同为包裹托运单。

(三)铁路货物运输合同的订立

(1)当承运人在货物运单上加盖车站承运日期戳后,铁路货物运输合同即告成立。
(2)当承运人在包裹托运单上加盖车站承运日期戳后,包裹的运输合同成立。

五、铁路旅客运输合同

(一)铁路旅客运输合同的概念

铁路旅客运输合同是指铁路运输企业与旅客之间签订的明确旅客运输权利义务关系的协议。根据该协议,承运人有义务保证旅客安全、及时到达指定的旅行目的地,旅客有义务支付相应的运输费用。旅客既是运输合同的主体,也是运输合同的运送对象。

(二)铁路旅客运输合同的类型

(1)铁路旅客运输合同为车票。
(2)行李运输合同由车票和行李托运单组成。

(三)铁路旅客运输合同的订立

(1)铁路旅客运输合同自承运人向旅客交付客票时成立,但当事人另有约定或者另有交易习惯的除外。
(2)当承运人在行李托运单上加盖车站承运日期戳后,行李运输合同成立。
铁路旅客运输合同依法订立后,即具有法律效力。各方当事人都应当严格按照合同的约定履行自己的义务。
旅客应当持有效客票乘运。旅客无票乘运、超程乘运、越级乘运或者持失效客票乘运的,应当补交票款,承运人可以按照规定加收票款。旅客不交付票款的,承运人可以拒绝运输。
旅客因自己的原因不能按照客票记载的时间乘坐的,应当在约定的时间内办理退票或者变更手续。逾期办理的,承运人可以不退票款,并不再承担运输义务。
旅客在运输中应当按照约定的限量携带行李。超过限量携带行李的,应当办理托运手续。
旅客不得随身携带或者在行李中夹带易燃、易爆、有毒、有腐蚀性、有放射性以及有可能危及运输工具上人身和财产安全的危险物品或者其他违禁物品。旅客违反上述规定的,承运人可以将违禁物品卸下、销毁或者送交有关部门。旅客坚持携带或者夹带违禁物品的,承运人应当拒绝运输。

承运人应当向旅客及时告知有关不能正常运输的重要事由和安全运输应当注意的事项。

承运人应当按照客票载明的时间和班次运输旅客。承运人迟延运输的,应当根据旅客的要求安排改乘其他班次或者退票。

承运人擅自变更运输工具而降低服务标准的,应当根据旅客的要求退票或者减收票款;提高服务标准的,不应当加收票款。

承运人在运输过程中,应当尽力救助患有急病、分娩、遇险的旅客。

承运人应当对运输过程中旅客的伤亡承担损害赔偿责任,但伤亡是旅客自身健康原因造成的或者承运人证明伤亡是旅客故意、重大过失造成的除外。上述规定适用于按照规定免票、持优待票或者经承运人许可搭乘的无票旅客。

在运输过程中旅客自带物品毁损、灭失,承运人有过错的,应当承担损害赔偿责任。旅客托运的行李毁损、灭失的,适用货物运输的有关规定。

六、铁路运输业信用体系建设

为了加强铁路运输业信用体系建设,完善铁路运输监管体系,维护铁路运输秩序,促进铁路运输业健康发展,国家铁路局于 2018 年 10 月 15 日印发了《铁路运输业信用管理暂行办法》。

(一) 旅客失信行为

旅客出现下列严重失信行为之一的,纳入失信联合惩戒对象名单:
(1)扰乱铁路站车运输秩序且危及铁路安全、造成严重社会不良影响的;
(2)在动车组列车上吸烟或者在其他列车的禁烟区域吸烟的;
(3)查处的倒卖车票、制贩假票的;
(4)冒用优惠(待)身份证件、使用伪造和无效优惠(待)身份证件购票乘车的;
(5)持伪造、过期等无效车票或冒用挂失补车票乘车的;
(6)无票、越站(席)乘车且拒不补票的;
(7)存在其他被法律、行政法规或者规章认定为严重失信行为的。

(二) 托运人失信行为

托运人出现下列严重失信行为之一的,纳入失信联合惩戒对象名单:
(1)铁路监管部门作出处罚决定后,有履行能力但拒不履行的;
(2)因将危险货物谎报或者匿报为普通货物托运,或在普通货物中夹带危险货物,或在危险货物中夹带禁止配装的货物,受到行政处罚,情节为较重以上的;
(3)违法违规运输货物且拒绝采取措施加以整改的,或 1 年内 2 次以上违法违规运输货物的;
(4)存在其他被法律、行政法规或者规章认定为严重失信行为的。

旅客、托运人发生上述(一)(二)款行为的,由铁路运输企业站车工作人员收集有关音视频证据或2名旅客以上的证人证言或行为责任人本人书面证明,经铁路运输企业初步评定后,将初步名单和相关事实认定材料报地区铁路监管局,经地区铁路监管局审核后报国家铁路局。国家铁路局告知相对人拟被纳入失信联合惩戒对象名单的事实、理由、依据及其依法享有的权利。通过有关联系方式或登记住所2次无法联系的(2次联系间隔时间不得少于5个工作日),应当在国家铁路局官方网站公告告知。自告知或公告之日起,15个工作日内无异议的,认定为失信联合惩戒对象。有异议的,由国家铁路局核实,确认无误后予以认定。

国家铁路局将旅客、托运人失信联合惩戒对象名单交换至全国信用信息共享平台比对,提请将有关失信主体从各领域守信联合激励对象名单中移出。

想一想

旅客做出何种行为,会被纳入失信联合惩戒对象名单?

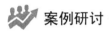

案例研讨

案例6-1:将危险品带入列车案

案例描述:某日,铁路某站公安段民警在车站进站厅安检仪处进行例行开包检查时,发现一名男子行李中有几瓶矿泉水,当民警欲打开时,该男子举动异常。经查,矿泉水瓶内装的并非饮用水,而是乙酸乙酯(俗称"香蕉水"),属易燃危险品。据该男子交代,"香蕉水"是他从打工的工地上获得的,准备带回老家使用。据警方透露,随着农忙时节到来,许多外来务工者回老家进行农耕劳作,便将打工时剩余的稀释剂、防水胶、柴油等危险品带回老家继续使用的现象经常发生。随着车站安检级别的提高,为了不被查出,他们便将此类危险品装入矿泉水瓶或饮料瓶中,试图蒙混过关。

请思考:该嫌疑人违反了哪些法律条文?

案例6-2:货物运错车站案

案例描述:山西省大同市某公司与内蒙古自治区某公司通过函件订立了一份买卖合同。货物采取铁路运输的方式,内蒙古自治区某公司为卖方,将到达栏内的"大同县站"写成"大同站",因此货物运错了车站,导致了双方的合同纠纷。

请思考:

(1)导致本合同纠纷的原因是什么?

(2)应由谁承担赔偿责任?

(3)合同当事人应吸取哪些教训?

案例6-3:因车票差额导致法律纠纷案

案例描述:某企业为了安排本企业职工度假,提前向某铁路车站预定了30张到北京的硬卧车票。当该团体旅客到车站乘车时,没有预售车票所载明的车厢。列车长根据当日客车的旅客情况,安排10人到其他硬卧车厢,另20人安排在硬座车车厢。事后,该企业要求车站退还硬卧与硬座票的差额,并赔偿损失。车站同意退还差价,但双方对赔偿损失协商未果。该企业遂向法院提起诉讼。

请运用所学知识对本案进行评析。

单元二 铁路货物运输合同纠纷的处理

一、货运事故责任的划分

(一)承运人的责任

1. 逾期到达的违约责任

《铁路法》第十六条规定:"铁路运输企业应当按照合同约定的期限或者国务院铁路主管部门规定的期限,将货物、包裹、行李运到目的站;逾期运到的,铁路运输企业应当支付违约金。铁路运输企业逾期三十日仍未将货物、包裹、行李交付收货人或者旅客的,托运人、收货人或者旅客有权按货物、包裹、行李灭失向铁路运输企业要求赔偿。"

逾期未到的,应当承担逾期违约责任。违约金的计算以运费为基础,按比例退还。

货物实际运到日数,超过规定的运到期限时,承运人应按所收运费的百分比,向收货人支付违约金。超限货物、限速运行的货物、免费运输的货物以及货物全部灭失,承运人不支付违约金。

从承运人发出催领通知的次日起(不能实行催领通知或会同收货人卸车的货物为卸车的次日起),如收货人于2日内未将货物领出,即失去要求承运人支付违约金的权利。

货物在运输过程中,由于下列原因之一,造成的滞留时间应从实际运到日数中扣除:

(1)是因不可抗力的原因引起的;

(2)由于托运人责任致使货物在途中发生换装、整理所产生的;

(3)因托运人或收货人要求运输变更所产生的;

(4)运输活动物,由于途中上水所产生的;

(5)其他非承运人责任发生的。

由于上述原因致使货物发生滞留时,发生货物滞留的车站,应在货物运单"承运人记载事项"栏内记明滞留时间和原因,到站应将各种情况所发生的滞留时间加总,加总后不足1日的尾数进整为1日。

2. 损坏赔偿

因承运人的责任造成货物毁损、灭失的,要承担赔偿责任。赔偿责任以货物的实际损失为基础。根据《铁路法》的规定,铁路货物损害赔偿采用限额赔偿的原则,因此,确定赔偿是十分重要的。

3. 错运责任

承运人运错到站应当无偿运到正确到站并交付给收货人,由此造成逾期交付的,要承担逾期交付的违约责任。

4. 多收运费的处理

多收运费要予以退还。不能退还的,要上缴国库。

(二)托运人的责任

(1)因托运人伪报或者匿报货物品名、重量、数量而导致铁路财产损失的,要承担赔偿损失的责任。

(2)因托运人对货物真实情况申报不实而导致少收运费的,铁路承运人有权补收运费并加收一定的费用。

(3)因货物包装有缺陷,无法从外部发现,或托运人未按国家规定在货物包装上标明包装储运指示标志的而造成损失的,应由托运人承担。托运人组织装车的,加固材料不符合规定条件或违反装载规定,在交接时无法发现而造成的损失也由托运人承担。

(4)因押运人的过错造成损失的,应由托运人承担责任。

(三)收货人的责任

(1)由于收货人原因招致运输工具、设备或第三者的货物损坏,由收货人按实际损失赔偿。

(2)收货人要支付托运人未交或少交的运费或其他费用。在铁路货物运输过程中,往往会产生一些托运人所不能预见的费用。例如,货物的倒装费;因托运人包装不良而造成运输的货物包装发生破损,铁路运输企业为此而支付的整理包装或者重新包装的费用;托运人虚报货物重量而少交的运输费用等,都应当由收货人补交。如果收货人拒绝补交的,铁路运输企业有权留置货物。

(3)收货人要及时领取货物,逾期领取的要承担违约责任。及时领取货物是收货人的基本义务。如果收货人没有及时领取货物,则是属于违反合同的行为,当然要承担相应的法律责任。这不仅是铁路运输合同关系的要求,而且也是提高铁路运输效率的要求。这是因为,铁路货物运输量大,而铁路的仓储能力有限。为提高仓储周转率,要求收货人对到站的货物及时领取,以便腾出仓库,接纳新的货物。但在实际中,不少货主把铁路有限的仓库当成自己储存货物的地方,这种做法对铁路运输企业很不利。因此,法律规定,收货人如不及时领取货物,要承担相应的法律责任。

二、赔偿损失的范围

(一)铁路承运人赔偿托运人、收货人的损失范围

铁路承运人赔偿托运人、收货人的损失范围是指货物的实际损失。实际损失包括货物本身的价格、包装费、短途运费以及其他必要的费用。由于市场经济的发展,货物价格随着市场的变化而有所不同,特别是季节性很强的商品,一旦过了季节,则商品价值就会大大降低。

(二) 托运人、收货人赔偿铁路承运人的损失范围

托运人、收货人赔偿铁路承运人的损失范围包括承运人本身的实际损失和运输、保管物资的实际损失。铁路运输企业本身的经济损失，主要是指铁路运输企业财产的损坏与灭失。例如，因托运人托运的货物包装不符合规定的要求，导致铁路桥梁的损坏或者超重造成铁路货车燃轴事故等，都属于铁路运输企业的自身的损失，托运人或者收货人应当赔偿这方面的直接经济损失。

(三) 货物损失的赔偿价格

货物灭失时，按灭失货物的价格；货物损坏时，按损坏货物所降低的价格。货物赔偿价格的标准为：

(1) 执行国家定价的货物，应按照各级物价管理部门规定的价格计算。

(2) 执行国家指导价格或市场调节价格的货物，比照前项国家定价货物中相同规格或类似商品价格计算。

(3) 个人托运的搬家货物、行李按货物交付当日（全部灭失时，为运到期限满了的当日）当地国有企业或供销部门的零售价格计算。

不保价运输的，不按件数只按重量承运的货物，每吨最高赔偿 100 元；按件数和重量承运的货物，每吨最高赔偿 2000 元；个人托运的搬家货物、行李每 10 公斤最高赔偿 30 元，实际损失低于上述赔偿限额的，按货物实际损失的价格赔偿。

货物的损失由于承运人的故意行为或重大过失造成的，不适用赔偿限额的规定，按照实际损失赔偿。

对损坏的货物或运输设备，也可用支付加工或修理费用的方式赔偿，但支付加工或修理的费用，不得超过货物或设备损坏降低价值所造成的损失。铁路运输设备发生损失的赔偿价格，按铁路有关规定办理。

三、赔偿程序和诉讼时效

(一) 赔偿程序

托运人或收货人向承运人要求赔偿货物损失时，应按批向到站（货物发送前发生的事故向发站）提出赔偿要求书并附货物运单、货运记录和有关证明文件，按保价运输的个人物品，应同时提出盖有发站日期戳的物品清单；要求退还多收运输费用时，须提出货票丙联或运费杂费收据，直接联系收款站处理；收货人要求承运人支付运到逾期违约金时，应向到站提出货物运单。

承运人向托运人或收货人提出赔偿要求时，应提出货运记录、损失清单和必要的证明文件。

承运人与托运人或收货人间所发生的赔偿或退补费用以及违约金的款额，每批货物不满 5 元（零担货物为每批不满 1 元），互不赔偿、退补、支付或核收。但个人托运的搬家货物、行李的赔偿、退补、支付或核收费用，不受以上规定款额的限制。

(二) 诉讼时效

承运人同托运人或收货人相互间要求赔偿或退补费用的有效期间为 180 日，但要求承运

人支付违约金的有效期间为60日。有效期间由下列日期起算：

(1) 货物灭失、损坏或铁路运输设备损坏，为承运人交给货运记录的次日；货物全部灭失未编有货运记录，为运到期限满期的第31日。

(2) 多收或少收运输费用，为核收该项费用的次日。

(3) 要求支付违约金，为交付货物的次日。

(4) 其他赔偿及退补多收或少收费用，为发生事故或核收该项费用的次日。

承运人对托运人或收货人提出的赔偿或退还运输费用要求，应自受理该项要求的次日起，30日内（跨及两个铁路局以上的赔偿要求为60日）进行处理，答复要求人。要求人自收到答复的次日起60日内未提出异议，即为结案。

承运人审查托运人或收货人提出的赔偿要求符合规定后，应进行登记，向赔偿要求人填发赔偿要求书收据，并迅速按规定调查处理。

因承运人责任使厂矿企业的自备车丢失时，铁路局集团公司应先以适当车辆拨给临时使用，超过60日仍未找到时，应报中国国家铁路集团有限公司处理。

因承运人责任使托运人租用的铁路车辆丢失时，由出租铁路局集团公司拨给适当车辆使用。租用期满企业退租车辆，或丢失后企业提出不再继续租用时，出租单位应退还丢失期间的租车费用。

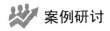

案例研讨

案例6-4：货物损坏案

案例描述：本案原告为某食品公司，被告为某铁路东站。

某年6月20日，食品公司从外地托运一批瓶装水果罐头到某铁路东站，于7月4日和7月11日分两批到站后，车站发现部分货物损坏，即分别编制了货运记录。7月8日和7月15日，食品公司提货时，东站将两份货运记录交给了食品公司。两份货运记录均注有"收货人（发货人）应在车站交给记录的次日起180天内提出赔偿要求"的字样，食品公司直到第二年3月17日才发现罐头有破损，遂向东站提出索赔，遭东站拒绝，食品公司即向铁路运输法院起诉，要求东站赔偿经济损失。

请思考：法院是否应当支持原告的诉讼请求？说明理由。

单元三　铁路旅客运输合同纠纷的处理

一、铁路旅客运输合同的订立

（一）铁路旅客运输

铁路旅客运输是指利用铁路运输工具运送旅客的运输活动。铁路运输具有准时、安全、舒适、快捷的特点,尤其在中距离运输方面,优势特别明显。比如,北京至郑州、沈阳、大连、哈尔滨、青岛等站的夕发朝至列车的开行,大大方便了旅客,也吸引了许多客流。到目前为止,铁路依然是人们出行选择的主要交通工具。

(二)铁路旅客车票

铁路旅客车票是旅客运输合同的基本凭证。铁路旅客车票是客票的一种。它是由铁路运输企业发售的、证明承运人铁路运输企业与旅客之间存在着合同关系的法律文件。

铁路电子客票是以电子数据形式体现的铁路旅客运输合同,与普通车票具有同等法律效力。

(三)铁路旅客运输合同的签订

铁路旅客运输合同的签订,主要是通过旅客的购票行为和铁路承运人的售票行为完成的。铁路承运人按照旅客的要求售出车票,则在承运人与旅客之间形成相应的合同关系。铁路旅客运输合同是诺成性合同,以铁路承运人承诺售出车票为标志。

旅客向铁路承运人提出旅行要约,应当具备以下三个方面的内容:一是要有明确的旅行目的地,二是要有明确的旅行始发时间,三是要有明确的车次、座别。只有提出这三项基本内容,铁路承运人才能向旅客提供相应的车票。

铁路旅客运输合同从售出车票时起成立,至按票面规定运输结束旅客出站时止,为合同履行完毕。旅客运输的运送期间自检票进站起至到站出站时止计算。

在中国铁路12306网站购买铁路电子客票,以确认交易成功的时间作为铁路旅客运输合同生效的时间,退票以网站确认交易成功的时间作为铁路旅客运输合同终止的时间,改签、变更到站按照购票、退票处理。

铁路部门出具的车票、区段票、代用票、客运运价杂费收据、退票费报销凭证、退票报销凭证、定额票、手续费等运输票据,具有发票属性,可用于报销。

二、铁路旅客运输的一般规定

(一)检票、验票

检票、验票和收票是履行合同的重要的阶段。车站对进出站的旅客和人员应检票,列车对乘车旅客应验票。对持半价票和各种乘车证的旅客须核对相应的证件,经确认无误后打查验标记。铁路稽查人员凭稽查证件、佩戴稽查臂章可以在车内验票。

(二)乘车条件

旅客须按票面载明的日期、车次、席别乘车,并在票面规定有效期内到达到站。

持通票的旅客中转换乘时,应当办理中转签证手续。持通票的旅客在乘车途中有效期终了,要求继续乘车时,应自有效期终了站或最近前方停车站起,另行补票,核收手续费。定期票可按有效期使用至到站。

对乘坐卧铺的旅客,列车可以收取车票并予集中保管。收取车票时,应当换发卧铺证;旅客下车前,凭卧铺证换回车票。成人带儿童或儿童与儿童可共用一个卧铺。

除特殊情况并经列车长同意的外,持低票价席别车票的旅客不能在高票价席别的车厢停留。烈性传染病患者、精神病患者或健康状况危及他人安全的旅客,站、车可以不予运送,已购车票按旅客退票的有关规定处理。

(三)误售、误购、误乘的处理

因站名相似或口音不同发生车票误售、误购时,应在购票站换发新票。在中途站、原票到站或列车内补收票款时,换发代用票,补收票价差额。应退还票款时,站、车应编制客运记录交旅客,作为乘车至正当到站要求退还票价差额的凭证,并以最方便的列车将旅客运送至正当到站,均不收取手续费或退票费。

在铁路售票窗口购买车票,发现乘车日期、车次、发站、到站、席别、姓名、身份等票面信息有误时,请当场向售票人员提出;未当场核对而过后提出的,自行负责。

发生误售、误购车票或者误乘车、坐过了站等情况时,要及时向车站、列车工作人员提出。在列车上,列车长经确认后,开具客运记录将旅客交至前方停车站,由车站为旅客办理换乘或者免费送回。免费送回时,请旅客勿中途下车;否则,对往返乘车区间补收票价,核收手续费。

(四)旅客丢失购票时使用的有效身份证件的处理

旅客购票后,丢失购票身份证件的,按以下方式处理:

(1)旅客在乘车前丢失证件的,应到该有效身份证件的发证机构办理身份证明(含铁路临时身份乘车证明),凭身份证明进出站乘车。

(2)旅客在列车上、出站前丢失证件的,须先办理补票手续并按规定支付手续费,列车核验席位使用正常的,开具电子客运记录(特殊情况可开具纸质客运记录);车站核验车票无出站检票记录的,开具客运记录。旅客应在乘车日期之日起30日内,凭该有效身份证件发证机构办理的身份证明和后补车票(如开具纸质客运记录,还应携带纸质客运记录),到列车的经停站退票窗口办理后补车票与原票乘车区间一致部分的退票手续。办理退票手续时,如核查丢失证件有出站记录的,后补车票不予退票;无出站记录的,办理退票时,不收退票费,已核收的手续费不予退还。

(五)补票的规定

1. 有下列行为时,除按规定补票,核收手续费以外,铁路运输企业有权对其身份进行登记,并须加收已乘区间应补票价50%的票款

(1)无票乘车时,补收自乘车站(不能判明时自始发站)起至到站止车票票价。持失效车票乘车按无票处理。

(2)持用伪造或涂改的车票乘车时,除按无票处理外并送交公安部门处理。

(3)持站台票上车并在开车20分钟后仍不声明时,按无票处理。

(4)持用低等级的车票乘坐高等级列车、铺位、座席时,补收所乘区间的票价差额。

(5)旅客持儿童票、学生票、残疾军人票没有规定的减价凭证或不符合减价条件时,按照全价票价补收票价差额。

2. 有下列情况时补收票价,核收手续费

(1)应买票而未买票的儿童购买儿童票规定补收票价。身高超过1.5米的儿童使用儿童

票乘车时,应补收儿童票价与全价票价的差额。

(2)持站台票上车送客未下车但及时声明时,补收至前方下车站的票款。

(3)主动补票或者经站、车同意上车补票的。

(六)拒绝运送

对无票乘车而又拒绝补票的人,列车长可责令其下车并应编制客运记录交县、市所在地车站或三等以上车站处理(其到站近于上述到站时应交到站处理)。车站对列车移交或本站发现的上述人员应追补应收和加收的票款,核收手续费。

对违反国家法律、法规,在站内、列车内寻衅滋事、扰乱公共秩序的人,站、车均可拒绝其上车或责令其下车;情节严重的送交公安部门处理;对未使用至到站的票价不予退还,并在票背面做相应的记载,运输合同即行终止。

三、违反铁路旅客运输合同的赔偿

(一)铁路运输企业的违约赔偿

1. 违约责任的赔偿范围

铁路承运人对旅客在旅行途中的人身伤害或者物品损失承担赔偿责任。对旅客人身伤害的赔偿的违约责任适用无过错赔偿原则,一般只赔偿直接损失和间接损失。对旅客随身携带品赔偿金适用过错责任原则。经承运人证明事故是由承运人和旅客或托运人的共同过错所致,应根据各自过错的程度分别承担责任。

行李、包裹事故赔偿标准为:按保价运输办理的物品全部灭失时按实际损失赔偿,但最高不超过声明价格。部分损失时,按损失部分所占的比例赔偿。分件保价的物品按所灭失该件的实际损失赔偿,最高不超过该件的声明价格。未按保价运输的物品按实际损失赔偿,但最高连同包装重量每千克不超过15元。如由于承运人故意或重大过失造成的,不受上述赔偿限额的限制,按实际损失赔偿。行李、包裹全部或部分灭失时,退还全部或部分运费。

2. 铁路运输企业的法定免责事由

承运人应当对铁路运送期间发生的旅客人身伤害承担赔偿责任,但伤亡是不可抗力、旅客自身健康原因造成的或者承运人证明伤亡是旅客故意、重大过失造成的,承运人不承担责任。在铁路旅客运送期间因第三人原因造成旅客人身损害的,由第三人承担赔偿责任。承运人有过错的,应当在能够防止或者制止损害的范围内承担相应的补充赔偿责任。承运人承担补充赔偿责任后,有权向第三人追偿。

3. 赔偿程序

铁路运输的事故处理站是受理赔偿的机构,事故处理站一般是事故发生或受理站,它代表铁路运输企业处理旅客或者自带行李损失赔偿问题。事故处理站在接到赔偿要求书后,召集事故处理委员会成员开会,协商处理方案,拿出处理意见,经责任单位所属铁路局集团公司同意后编制《旅客伤害事故最终处理协议书》或者《旅客自带行李损失事故最终处理协议书》,一式5份。参加会议各方对协议书所载内容无异议后签字生效。然后,事故处理站将《旅客伤害事故赔偿要求书》或者《旅客自带行李损失事故赔偿要求书》《旅客伤亡事故最终处理协议书》或者《旅客自带行李损失事故最终处理协议书》和医院结账清单、行李损失有关证明、处理事故有关费用单据,一并报告分局客运主管部门。分局客运主管部门对呈报的上述材料审查后签署意见,加盖"事故处理专用章",转财务部门1份,返回处理站3份,作为赔偿依据。事故处理站接到分局批复后,开具《旅客伤害赔付通知书》或者《旅客自带行李损失赔付通知书》,通知旅客或其继承人、代理人等接受赔付。

发生旅客伤害事故时,旅客可向事故发生站或处理站请求赔偿。在铁路旅客运送期间内因第三人责任造成旅客伤亡或者自带行李损失,应由第三人负责。第三人不明确或无赔偿能力,旅客要求承运人代为先行赔偿时,承运人应当先行代为赔偿。承运人代为赔偿后有权向有责任的第三人追偿。

对受害旅客的赔偿一般应于治疗结束或者死者尸体处理完毕后进行。由受害旅客或其继承人、代理人提出《旅客伤害事故赔偿要求书》,并出具治疗医院的结账清单和其他证明,作为受理赔偿的部门办理赔偿、确定赔偿金数额的依据。对旅客携带行李的赔偿,由旅客或其继承人、代理人向铁路运输企业提出可确认的依据,办理的程序和人身伤亡程序同时进行。旅客或者其继承人、代理人向铁路运输企业要求赔偿的请求,应当自事故发生之日起1年内提出。与一般道路交通事故不同的是,铁路运输企业需要赔偿旅客的行李损失。

发生行李、包裹事故时,车站应会同有关人员编制行李、包裹事故记录交收货人作为请求赔偿的依据。事故赔偿一般应在到站办理,特殊情况也可由发站办理。收货人要求赔偿时,应在规定的期限内提出并应附下列文字材料:

(1)行李票或包裹票;
(2)行李、包裹事故记录;
(3)证明物品内容和价格的凭证。

丢失的行李、包裹找到后,承运人应迅速通知托运人或收货人领取,撤销一切赔偿手续,收回全部赔款。如托运人或收货人不同意领取时,按无法交付物品处理。如发现有欺诈行为不肯退回赔款时,可通过法律手段依法追索。

4.诉讼时效

(1)诉讼时效期间

旅客或者其继承人向铁路运输企业要求赔偿的请求,应当自事故发生之日起1年内提出。铁路运输企业应当自接到赔偿请求之日起30日内答复。

(2)诉讼时效的计算

铁路旅客运输合同纠纷诉讼时效从下列日期起计算:

①身体损害和随身携带品损失时,为发生事故的次日。
②行李、包裹全部损失时,为运到期终了的次日;部分损失时,为交付的次日。
③给铁路造成损失时,为发生事故的次日。
④多收或少收运输费用时,为核收该项费用的次日。责任方自接到赔偿要求书之日起,30日内向赔偿要求人做出答复并尽快办理赔偿。多收或少收时应于30日内退补完毕。旅客或者其继承人与铁路运输企业对损害赔偿发生争议,可以向人民法院提起诉讼。

(二)旅客对铁路运输企业的损害赔偿

1. 赔偿范围

旅客要遵守运输法律法规,遵守运输企业的规章制度,保证运输安全。因旅客的责任造成承运人的财产损失的,也要承担相应的法律责任。例如,旅客故意损坏交通运输工具内部设施,要承担赔偿责任;旅客将他人的财物损坏,要照价赔偿;旅客携带危险品进入交通工具,造成承运人财产损失或者他人人身伤害的,除了要承担民事赔偿责任外,还要根据情节,追究其行政责任或者刑事责任,等等。

2. 当事人的确定

因发生旅客身体损害、携带品损失或行李、包裹事故,运输合同当事人诉诸法律时,一般由事故处理站代表铁路运输企业起诉或应诉。

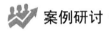

案例6-5:误售车票案

案例描述: 某年9月11日,叶某在B站购买了2张到A站的火车票,票价计256元整。票面载明:B站至A站,2018年9月13日××次7:12开。9月13日上午,叶某等二人持票乘上××次列车。当叶某发现列车经过A站未停靠时,急忙向4号车厢列车员询问。列车员查看车票后,答复叶某:××次列车在A站不停,该票系B站误售。列车到达C站,叶某下车后,急于返回,遂乘出租汽车,于当日11:00到达A站所在地。汽车票价合计为85元。9月14日,叶某到B站要求赔偿经济损失。B站承认误售车票,但拒绝赔偿叶某的经济损失。

叶某遂于9月29日诉至法院,要求B站赔偿直接经济损失85元,间接损失(耽误的时间及身体、精神创伤损失)200元。

请思考:

(1) B站是否应赔偿叶某二人的损失?

(2) B站应当赔偿叶某二人的哪些损失?

单元四 铁路旅客人身损害赔偿纠纷的处理

一、旅客身份的界定

铁路旅客是指持有铁路有效的客票及其他乘车凭证(如铁路免票、优待票)乘车的人员,或经承运人许可搭乘的无票人员及依照铁路货物运输合同随车押运货物的人员。

(一)有票旅客身份的界定

有票旅客是指持有铁路有效乘车凭证的人。但对持有效车票但未经检票剪口的,能否认定为旅客则有不同认识。《铁路旅客运输规程》第八条规定:"铁路旅客运输合同从售出车票时起成立,至按票面规定运输结束旅客出站时止,为合同履行完毕。旅客运输的运送期间自检票进站起至到站出站时止计算。"因此,铁路运输企业对旅客运送的责任期间,自旅客检票进站时起至到达行程终点出站时止。

(二)事实旅客身份的界定

在实践中,旅客分为有票旅客和事实旅客两种情形。《铁路旅客运输规程》第五条规定:"旅客是指持有铁路有效乘车凭证的人和同行的免费乘车儿童。根据铁路货物运输合同押运货物的人视为旅客。"与旅客同行的免费乘车儿童和根据铁路货物运输合同押运货物的人属于事实旅客。此外,一些情形是否属于事实旅客则需加以界定。

1.无票进站乘车情况下旅客身份的界定

无票但经铁路运输企业同意进站上车的,则表明铁路运输企业同意了旅客的要约,即为承诺,铁路旅客运输合同成立并生效,属于事实旅客。同理,让其先上车后补票的也表明铁路运输企业同意其要约,铁路旅客运输合同即告成立,形成事实上的运输合同关系。未经铁路运输企业同意而进站上车的无票人员,没有征得铁路运输企业同意,未达成协议,显然违背了合同订立的基本原则,铁路旅客运输合同不能成立。至于持有失效、伪造或涂改的车票,实质上就是无效合同。无效合同没有法律约束力。所以,持失效、伪造或涂改的车票进站乘车,未补票前与铁路运输企业不存在旅客运输合同关系,不属于事实旅客。

2.车票丢失情况下旅客身份的界定

旅客丢失车票也就是失去了合同存在的凭证,但与无票乘车有本质的不同。《铁路旅客运输规程》第四十三条规定:"旅客丢失车票应另行购票。在列车上应自丢失站起(不能判明时自列车始发站起)补收票价,核收手续费"。承认了车票丢失前铁路旅客运输合同是客观存在的,未否定丢失车票的人员是旅客的事实。

二、铁路旅客人身损害的赔偿责任

铁路旅客人身损害赔偿责任,有的按照合同违约责任定性,有的按违约责任和侵权责任的竞合处理。由旅客根据自身情况选择诉讼案由。

(一)铁路旅客人身损害赔偿责任的违约责任

民法典第八百二十三条规定:"承运人应当对运输过程中旅客的伤亡承担赔偿责任;但是,伤亡是旅客自身健康原因造成的或者承运人证明伤亡是旅客故意、重大过失造成的除外。"本规定适用于按照规定免票、持优待票或者经承运人许可搭乘的无票旅客。

第八百一十一条规定:"承运人应当在约定期限或者合理期限内将旅客、货物安全运输到约定地点。"

其承运人安全运送旅客的义务是法定的,该项义务是我国法律明确规定的,属于法定义务;

其损害发生的时间和地域空间是固定的,人身损害只能发生在运输过程中,发生的时间只能在车票的有效期间内。发生的地域空间只能自旅客经检票进站时起至到达行程终点出站时止。其产生的债权是相对的,合同主体的特定性决定了合同权利义务的相对性。旅客人身损害之债是在承运人和旅客这种特定的当事人之间发生的,只有旅客才能根据合同向承运人主张权利。

(二)铁路旅客人身损害赔偿的侵权责任与违约责任的竞合

民事责任竞合是指同一不法民事行为既违反合同规范又违反侵权规范,同时具备违约责任的构成要件和侵权责任的构成要件。导致侵权责任与违约责任同时产生而又相互冲突的一种法律现象,简称民事责任竞合。

铁路运输企业因违约造成侵权后果的,可以按责任竞合定性。如因餐车或站台上供应食物不洁,造成了旅客食物中毒,就可以按责任竞合定性。因为承运人既违反了向旅客提供洁净食品的默示合同义务,又违反了我国《食品卫生法》的强行性规定,也侵害了旅客的人身权利,符合侵权责任的条件。

旅客伤亡系由于承运人的责任所致,如列车工作人员、列车调度人员等的工作过失导致的旅客伤亡,是铁路运输企业在履行其与旅客之间的运输合同中,由于自身的过错致旅客伤亡,铁路运输企业对它的工作人员的职务行为应当承担责任,属于侵权责任与违约责任的竞合情形。受损害的旅客既可以选择违约之诉也可以选择侵权之诉来解决问题。

违约责任与侵权责任竞合的前提是:承运人的先前行为必须是基于故意或重大过失。如火车司机因为重大疏忽冒进信号或扳道员扳错道岔使旅客列车进入异线发生撞车事故,致使旅客受到伤害等,才可以按责任竞合定性。

三、第三人责任造成的旅客伤亡赔偿责任

(一)第三人单独造成旅客伤亡的赔偿责任

第三人责任较常见的如犯罪分子的不法侵害行为。这种情形不属于责任竞合,从因果关系上看,此种情形下的受害人的损害是由于第三人的行为所致,而非承运人的违约行为所致,第三人的行为也是造成承运人违约的原因。因此,第三人负侵权责任,承运人负违约责任,二者并不竞合,受害人可以择一追究责任,也可以一并追究责任。承运人在承担违约责任后,可以向第三人追偿。然而由于第三人的行为致旅客的损害常包括人身伤亡和精神损害,而承运人所承担的违约责任的范围并不及于精神损害赔偿,故在此情形下,侵权责任仍具有第一性,侵权人是最终的责任承担者。

如果法院已经支持旅客以侵权责任要求第三人赔偿,旅客又向铁路运输企业提起违约之诉,法院应当支持,因为第三人与铁路运输企业系承担不同的责任形式,二者并不竞合,不因其中一种涉诉而另一种自行消灭,故不存在"一事二诉"的问题,如果剥夺了旅客的诉权,则于保护旅客的正当权益极为不利,也违背了立法的本意。

(二)第三人与铁路运输企业共同侵权造成旅客伤亡的赔偿责任

如果旅客受到犯罪行为的不法侵害,列车工作人员不积极履行救助义务,旅客可以要求铁

路运输企业承担共同侵权的赔偿责任。民法典第八百二十二条规定:"承运人在运输过程中,应当尽力救助患有急病、分娩、遇险的旅客。"

这是法律要求承运人履行的一项法定义务。对于不法犯罪行为,很难要求作为承运人的一般工作人员承担制止歹徒的义务,但此时承运人仍负有尽可能的注意义务,如迅速报警等,如果承运人怠于履行此义务而导致旅客损害的扩大,应当就扩大的部分承担过错责任。从这个意义上说,承运人也对旅客所受的损害负有侵权责任,但由于第三人和承运人并无共同的故意或者过失,而是因为偶然的重合,所以不能按照共同侵权而要求承担连带责任,可以按照过错的大小来承担相应的责任。第三人负主要责任,承运人负次要责任,承运人对扩大损失部分负责。

四、铁路旅客人身损害赔偿

(一)违约责任赔偿

旅客购买车票这一行为,如果购买了铁路旅客意外伤害保险,实际形成两种合同法律关系,即铁路旅客运输合同法律关系和铁路旅客意外伤害保险合同法律关系,铁路旅客运输合同不以其他合同的存在为前提而能够独立存在,人身保险合同法律关系不能独立存在,而是以铁路旅客运输合同的存在为前提,它依附于铁路旅客运输合同法律关系,铁路旅客运输合同是主合同,而人身保险合同是从合同,这两种法律关系系主合同与从合同关系。因此,旅客或其法定继承人享有两个合同的民事权利,当旅客发生意外人身伤害时,旅客或其法定继承人根据人身保险合同享有得到保险赔偿的权利,即从权利。同时,铁路运输企业对旅客受到意外伤害负有责任的,旅客或其法定继承人不但有权获得人身保险赔偿金,还有权根据铁路旅客运输合同法律关系向铁路承运人提出违约责任赔偿或提出侵权责任赔偿请求,即主权利。因此,旅客意外伤害存在着两种赔偿合同法律关系,也就同时享有两种民事权利,请求赔偿权利是双重的,这两种权利不是选择关系,而是同时享有,按各自的不同赔偿范围分别计算。

(二)违约责任赔偿与侵权责任赔偿

违约责任的赔偿损失额可以由当事人在合同中约定,如果无约定,根据民法典的规定,赔偿损失额应当相当于受害人因违约而受的损失,一般包括直接损失和间接损失。按民法典侵权责任的赔偿范围原则上包括直接损失和间接损失,在侵害人格权时,还可以进行精神损害赔偿。侵害他人造成人身损害的,应当赔偿医疗费、护理费、交通费、营养费、住院伙食补助费等为治疗和康复支出的合理费用,以及因误工减少的收入。造成残疾的,还应当赔偿辅助器具费和残疾赔偿金;造成死亡的,还应当赔偿丧葬费和死亡赔偿金。

五、铁路运输企业免责事由和减责事由

(一)铁路运输企业的免责事由

民法典第八百二十三条规定:"承运人应当对运输过程中旅客的伤亡承担损害赔偿责任;

但是,伤亡是旅客自身健康原因造成的或者承运人证明伤亡是旅客故意、重大过失造成的除外。"

所谓旅客自身原因,主要包括以下三个方面。

(1)因旅客的故意行为造成的伤害。例如旅客不遵守承运人的运输安全规章制度,在车辆运行中擅自打开车窗跳车而造成人身伤亡的,应当由旅客自身负责,承运人不承担赔偿责任。

(2)因旅客的重大过失而造成的伤害。重大过失与故意的区别在于前者自信能够避免危险的发生而为某种行为,而后者则是明知可能发生某种危害后果而为之。不管是重大过失还是故意,都可以免除承运人的赔偿责任。

(3)因旅客健康原因造成的伤亡。旅客健康原因就是旅客因病死亡或者伤残,这类情况承运人也不负赔偿责任。

(二)铁路运输企业的减责事由

民法典第一千二百四十条规定:"从事高空、高压、地下挖掘活动或者使用高速轨道运输工具造成他人损害的,经营者应当承担侵权责任;但是,能够证明损害是因受害人故意或者不可抗力造成的,不承担责任。被侵权人对损害的发生有重大过失的,可以减轻经营者的责任。"民法典第一千二百四十三条规定:"未经许可进入高度危险活动区域或者高度危险物存放区域受到损害,管理人能够证明已经采取足够安全措施并尽到充分警示义务的,可以减轻或者不承担责任。"

该法明确了高度危险作业责任下可以适用受害人过失相抵。客观地说,相对于免责事由,减责事由更加需要明确。因为,高度危险作业责任立法本意决定了高危作业人的免责条件必然是严苛的,且这些免责情况发生地并不多,倒是减轻赔偿责任事由这一承担全部赔偿责任或者免除全部赔偿责任的"中间地带"在现实生活中大量存在。例如,铁路运输企业在铁路规范允许的范围内,积极采取防护措施,及时修补破损的铁路防护网,设置足够清晰、明确的警示标志,保障铁路桥梁、涵洞等设施满足正常通行需要,及时鸣笛,积极履行救助义务等,铁路运输企业赔偿责任将被减轻。此规定意在敦促、指引铁路运输企业最大限度地履行安全防护、警示等义务,减少损害发生,充分体现侵权法的价值所在。

📊 案例研讨

案例6-6:铁路旅客人身损害赔偿案

案例描述: 某日,朱某(系未成年人)与父、母、姐、弟五人持票乘坐由中国铁路某局集团有限公司(以下简称铁路某局)运营的某次列车出行。一起同行的还有朱某的同学及其母林某。七人未按购票信息就座,朱某和同学相邻就座。其间,林某用保温杯接了开水放置于朱某座位前的桌板上,但未盖杯盖。列车途经某站时,赵某上车就座于朱某正前方的座位。赵某在向后调整椅背的过程中碰倒了朱某座前桌板上的水杯,致朱某全身多处烫伤。朱某以共同侵权为由提起诉讼,请求判令铁路某局、林某和赵某对其损害后果承担连带赔偿责任。

请运用所学知识对本案进行评析。

复习思考题

1. 铁路运输合同的分类有哪些?
2. 铁路运输合同的主体是什么?
3. 铁路运输合同的客体是什么?
4. 简述旅客的基本权利、义务。
5. 什么是铁路运输合同?
6. 由于什么原因造成的货物、行李、包裹损失,铁路运输企业不承担赔偿责任?
7. 铁路运输合同的特点有哪些?
8. 旅客出现哪些严重失信行为之一的,应纳入失信联合惩戒对象名单?

模块七
经济纠纷的调节、仲裁和诉讼

模块描述
本模块从处理经济纠纷的途径出发,主要介绍仲裁和诉讼两种方式,并以案例的形式分析仲裁与纠纷的处理。

教学目标

1. 知识目标

(1)掌握仲裁法、民事诉讼法、铁路法及其相关法律法规对铁路经济纠纷处理的规定。

(2)掌握铁路货物运输合同纠纷、旅客运输合同纠纷和铁路旅客人身损害赔偿纠纷处理的基本常识,加深对铁路安全生产、依法运营的深刻认识。

2. 能力目标

(1)提升灵活运用法律依法办事,依法律己,依法维护国家利益、企业利益和自身合法权益的能力。

(2)能够正确处理铁路客运、货运和人身损害的一般纠纷,进而提升客运服务水平和管理水平,适应铁路运输企业对员工职业操守的严格要求。

3. 素质目标

培养职业法律素质,从而能够依法解决职业活动中的经济纠纷。

建议学时

4学时。

案例导入

1. 案例简介

王某因买卖合同纠纷向法院起诉,要求被告赵某履行合同并承担违约责任。法院按照普通程序审理该案件。被告要求人民陪审员参加审理。法院决定由人民法官张某和人民陪审员乔某、代某组成合议庭,张某任审判长。王某得知陪审员乔某是被告的表哥,便要求其回避,但回避申请被法官张某当场拒绝。在审理中,被告提出自己未能按照合同约定交货,是由于下大雨冲垮了公路。法庭审理后认为，原告未及时告知交货地点，是造成被告迟延履行的主要原因，因此驳回了原告要求被告承担违约责任的请求。原告不服判决提起上诉，二审法院发回重审，一审法院组成合议庭对该案件再次进行审理。

2. 问题思考

（1）本案合议庭的组成是否合法？

（2）王某申请回避的理由是否成立？

（3）法官张某的做法是否合法？

（4）原告对法院的判决不服，是否可以提出上诉？

（5）法官张某是否可以作为审判长参加新的合议庭？新合议庭可否由人民陪审员参加？

（6）一审法院对案件的审判是否存在程序上的错误？

3. 案例评析

（1）本案虽然不属于有较大社会影响的案件，但由于被告要求人民陪审员参加审理，法院决定由人民陪审员参加审理是合法的，但是法院不采用随机抽取的办法确定陪审员，而是采用指定的办法则是不合法的，所以在合议庭的组成上存在重大瑕疵。

（2）原告申请回避的理由能够成立。乔某是被告的表哥，虽然不是被告的近亲属，但民事诉讼法把"与案件当事人有其他关系，可能影响对案件公正审理的"也作为回避事由。乔某的情况属于这种情形，所以回避理由能够成立。

（3）法官张某的做法不合法。根据《民事诉讼法》的规定，审判人员的回避应当由法院院长决定，其他人员的回避由审判长决定，乔某是陪审员，属于审判人员的范围，法官张某作为审判长，无权决定其是否回避。

（4）原告不得提起上诉。根据《民事诉讼法》的规定，当事人不服法院作出的回避问题的决定，可以申请复议一次，但无权提起上诉。

（5）法官张某不得参加新的合议庭。为了防止先入为主和保证程序的公正，对发回重审的案件，原审法院需要另行组成合议庭，原合议庭成员不得参加新的合议庭。另行组成的合议庭仍然是一审的合议庭，所以可以由人民陪审员参加，只是原来合议庭的两名陪审员不得再作为新合议庭的成员。

（6）法院的审判程序存在重大瑕疵。法院的审判违反了辩论原则。在该案中，被告并未主张自己的违约是原告的过错造成，未向法院陈述原告未及时通知交货地点的事实，法官把当事人未主张的事实，未经当事人辩论的事实，作为裁判的基础，违背了辩论原则，会对当事人造成裁判突袭。

单元一　经济纠纷的调节和仲裁

一、仲裁及基本原则

(一)仲裁的概念和范围

1.仲裁的概念

仲裁也叫公断。经济仲裁,是指仲裁机构依照法定程序对当事人在经济活动中所产生的经济争议居中调解、进行裁决的活动。

2.仲裁的范围

根据《仲裁法》的规定,平等主体的公民、法人和其他组织之间发生的合同纠纷和其他财产权益纠纷,可以仲裁。下列纠纷不能提请仲裁:

(1)关于婚姻、收养、监护、扶养、继承纠纷。

(2)依法应当由行政机关处理的行政争议。

(3)有些仲裁不属于《仲裁法》所规定的仲裁范围,由其他法律予以调整,例如劳动争议的仲裁和农业集体经济组织内部的农业承包合同纠纷的仲裁。

(二)仲裁的基本原则

(1)自愿原则。当事人采用仲裁方式解决纠纷,应当双方自愿,达成仲裁协议。没有仲裁协议,一方申请仲裁的,仲裁委员会不予受理。

(2)依据事实和法律,公平合理地解决纠纷的原则。

(3)独立仲裁原则。仲裁机关不依附于任何机关而独立存在,仲裁依法独立进行,不受任何行政机关、社会团体和个人的干涉。

(4)一裁终局原则。做出裁决后,当事人就同一纠纷再申请仲裁或者向人民法院起诉的,仲裁委员会或者人民法院不予受理。

提示:仲裁与民事诉讼都是适用于横向关系经济纠纷的解决方式。作为平等民事主体的当事人之间发生的经济纠纷,只能在仲裁或者民事诉讼两种方式中选择一种解决争议。

有效的仲裁协议可排除法院的管辖权,只有在没有仲裁协议或者仲裁协议无效,或者当事人放弃仲裁协议的情况下,法院才可以行使管辖权,这在法律上称为或裁或审原则。

二、仲裁机构

仲裁委员会可以在直辖市和省、自治区人民政府所在地的市设立,也可以根据需要在其他设区的市设立,不按行政区划层层设立。仲裁委员会独立于行政机关,与行政机关没有隶属关系。仲裁委员会之间也没有隶属关系。

仲裁委员会由主任1人、副主任2~4人和委员7~11人组成。仲裁委员会的组成人员中,法律、经济贸易专家不得少于2/3。

仲裁庭可以由3名仲裁员或者1名仲裁员组成。由3名仲裁员组成的,设首席仲裁员。仲裁委员会发给当事人一个仲裁员名册,要求双方当事人在指定的时间内在仲裁名单中各自指定一名仲裁员,并协商共同指定或者由仲裁委员会主任指定一名仲裁员,第三名仲裁员是首席仲裁员。

三、仲裁协议及其效力

(一) 仲裁协议的形式和内容

仲裁协议应当以书面形式订立。口头达成仲裁的意思表示无效。
仲裁协议应当具有下列内容:
(1) 有请求仲裁的意思表示。
(2) 有仲裁事项。
(3) 有选定的仲裁委员会。

提示:仲裁协议对仲裁事项或者仲裁委员会没有约定或者约定不明确的,当事人可以补充协议;达不成补充协议的,仲裁协议无效。

(二) 仲裁协议的效力

仲裁协议独立存在,合同的变更、解除、终止或者无效,不影响仲裁协议的效力。

当事人对仲裁协议的效力有异议的,可以请求仲裁委员会做出决定或者请求法院做出裁定。一方请求仲裁委员会做出决定,另一方请求法院做出裁定的,由"法院裁定"。当事人对仲裁协议的效力有异议,应当在"仲裁庭首次开庭前"提出。

当事人达成仲裁协议,一方向法院起诉未声明有仲裁协议,法院受理后,另一方在首次开庭前提交仲裁协议的,法院应当驳回起诉,但仲裁协议无效的除外;另一方在首次开庭前未对法院受理该案提出异议的,视为放弃仲裁协议,法院应当"继续审理"。

四、仲裁管辖及裁决

(一) 仲裁管辖

《仲裁法》规定:"仲裁不实行级别管辖和地域管辖,仲裁委员会应当由当事人协议选定。"

(二) 仲裁裁决

(1) 仲裁应当开庭进行。当事人协议不开庭的,仲裁庭可以根据仲裁申请书、答辩书以及其他材料做出裁决。
(2) 仲裁不公开进行。当事人协议公开的,可以公开进行;但涉及国家秘密的除外。
(3) 当事人申请仲裁后,可以自行和解。达成和解协议的,可以请求仲裁庭根据和解协议做出裁决书,也可以撤回仲裁申请。

提示:当事人达成和解协议,撤回仲裁申请后又反悔的,可以根据仲裁协议申请仲裁。

(4)仲裁庭在做出裁决前,可以先行调解。调解书与裁决书具有同等法律效力。调解书经双方当事人签收后,即发生法律效力,不签收意味着拒绝调解。

(5)裁决应当按照多数仲裁员的意见做出,少数仲裁员的不同意见可以记入笔录。仲裁庭不能形成多数意见时(3个人,3种意见),裁决应当按照首席仲裁员的意见做出。裁决书自做出之日起发生法律效力。

提示:行政复议仲裁调解书一经送达,即发生法律效力。

(三)仲裁决定的执行

当事人应当履行裁决。一方当事人不履行的,另一方当事人可以依照《民事诉讼法》的有关规定向人民法院申请执行。受申请的人民法院应当执行。

提示:仲裁庭只能调解和裁决,无权强制执行。

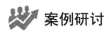案例研讨

案例7-1:仲裁协议案

案例描述:某年7月,石家庄市某健身房与广州市某健身器械公司签订了一份购销合同。合同中的仲裁条款规定:"因履行合同发生的争议,由双方协商解决;无法协商解决的,由仲裁机构仲裁。"同年9月,双方发生争议,健身房向其所在地的石家庄市仲裁委员会递交了仲裁申请书,但健身器械公司拒绝答辩。

11月,双方经过协商,重新签订了一份仲裁协议,并商定将此合同争议提交该健身器械公司所在地的广州市仲裁委员会仲裁。

事后,健身房担心广州市仲裁委员会实行地方保护主义,偏袒健身器械公司,故未申请仲裁,直接向合同履行地人民法院提起诉讼,且起诉时说明此前两次仲裁的情况,法院受理此案,并向健身器械公司送达了起诉状副本,该器械公司向法院提交了答辩状。法院经审理判决被告某健身器械公司败诉,被告不服,理由是双方事先有仲裁协议,法院判决无效。

请思考:

(1)购销合同中的仲裁条款是否有效?请说明理由。

(2)争议发生后,双方签订的协议是否有效?为什么?

(3)原告健身房向法院提起诉讼正确与否?为什么?

(4)人民法院审理本案是否正确?为什么?

(5)被告健身器械公司的上诉理由是否正确?为什么?

(6)被告是否具有上诉权?为什么?

想一想

仲裁庭能强制执行吗?

单元二　经济纠纷的诉讼

一、民事诉讼的适用范围和审判制度

(一)民事诉讼的适用范围

(1)因民法、婚姻法、收养法、继承法等调整的平等主体之间的财产关系和人身关系发生的民事案件,如合同纠纷、房产纠纷、侵害名誉权纠纷等。

(2)因经济法、劳动法调整的社会关系发生的争议,法律规定适用民事诉讼程序审理的案件,如企业破产案件、劳动合同纠纷等。

(3)适用特别程序审理的选民资格案件和宣告公民失踪、死亡等非诉案件。

(4)按照督促程序解决的债务案件。

(5)按照公示催告程序解决的宣告票据和有关事项无效的案件。

(二)民事诉讼审判制度

1.合议制度

(1)法院审理第一审民事案件,除适用简易程序审理的民事案件由审判员一人独任审理外,一律由审判员、陪审员共同组成合议庭或者由审判员组成合议庭。

(2)法院审理第二审民事案件,由审判员组成合议庭。合议庭的成员,应当是3人以上的单数。

合议庭的审判长由院长或者庭长指定审判员一人担任;院长或者庭长参加审判的,由院长或者庭长担任。

2.回避制度

回避,是指参与某案件民事诉讼活动的审判人员、书记员、翻译人员、鉴定人、勘验人是案件的当事人或者当事人、诉讼代理人的近亲属,或者与案件有利害关系,或者与案件当事人有其他关系,可能影响对案件公正审理的,当事人有权用口头或者书面方式申请他们回避(不包括证人)。

3.公开审判制度

法院审理民事或行政案件,除涉及国家秘密、个人隐私或者法律另有规定外,应当公开进行。

提示:不论案件是否公开审理,一律公开宣告判决。

4.两审终审制度

一个诉讼案件经过两级法院审判后即终结。根据《中华人民共和国人民法院组织法》第十二条规定:"人民法院分为最高人民法院、地方各级人民法院、专门人民法院。"

地方各级人民法院分为高级人民法院、中级人民法院和基层人民法院。

我国法院分为四级:最高法院、高级法院、中级法院、基层法院。除最高法院外,其他各级法院都有自己的上一级法院。

提示:(1)适用特别程序、督促程序、公示催告程序和企业法人破产还债程序审理的案件,实行一审终审。

(2)对终审判决、裁定,当事人不得上诉。如果发现终审裁判确有错误,可以通过审判监督程序予以纠正。

二、民事诉讼管辖制度

(一)级别管辖

经济纠纷案件的级别管辖是指各级法院经济审判庭之间审理第一审案件的分工。一审经济案件由哪一级法院审理,按最高法院的规定,需要根据诉讼单位的隶属关系、诉讼标的金额、案件影响的大小以及案情的复杂程度等因素来确定。

(1)诉讼单位属于地区、省辖市(含本级)以下的案件,一般由基层人民法院做第一审。标的金额较大,案情比较复杂的,也可以由中级人民法院做第一审。

(2)诉讼单位属自治区、直辖市(含本级)以上的案件,重大涉外经济纠纷案件,一般由中级人民法院做第一审。标的金额较小,案情比较简单的,也可以由基层人民法院做第一审。

(3)高级人民法院审理在省、自治区、直辖市内有重大影响的案件。

(4)最高人民法院只管辖在全国有重大影响的第一审案件以及其他认为应当由自己作为第一审的案件。最高人民法院的主要任务是监督地方各级法院和专门法院的工作,对人民法院具体应用法律、法规做出解释。

(二)地域管辖

地域管辖又分为一般地域管辖、特殊地域管辖、协议管辖、专属管辖等。

1. 一般地域管辖

一般地域管辖通常实行"原告就被告"原则。按《中华人民共和国民事诉讼法》有如下规定。案件应由被告所在地人民法院管辖。对公民提起的民事诉讼,由被告住所地人民法院管辖;被告住所地与经常居住地不一致的,由经常居住地人民法院管辖。对法人或者其他组织提起的民事诉讼,由被告住所地人民法院管辖。同一诉讼的几个被告住所地、经常居住地在两个以上人民法院辖区的,各地人民法院都有管辖权。

2. 特殊地域管辖

《民事诉讼法》规定了10种属于特殊地域管辖的诉讼。

(1)因合同纠纷提起的诉讼,由被告住所地或者合同履行地法院管辖。合同的双方当事人可以在书面合同中协议选择被告住所地、合同履行地、合同签订地、原告住所地、标的物所在地法院管辖,但不得违反《民事诉讼法》对级别管辖和专属管辖的规定。

(2) 因保险合同纠纷提起的诉讼,由被告住所地或者保险标的物所在地法院管辖。

(3) 因票据纠纷提起的诉讼,由票据支付地或者被告住所地法院管辖。

(4) 因公司设立、确认股东资格、分配利润、解散等纠纷提起的诉讼,由公司住所地人民法院管辖。

(5) 因铁路、公路、水上、航空运输和联合运输合同纠纷提起的诉讼,由运输始发地、目的地或者被告住所地法院管辖。

(6) 因侵权行为提起的诉讼,由侵权行为地(包括侵权行为实施地、侵权结果发生地)或者被告住所地法院管辖。

(7) 因铁路、公路、水上和航空事故请求损害赔偿提起的诉讼,由事故发生地或者车辆、船舶最先到达地、航空器最先降落地或者被告住所地法院管辖。

(8) 因船舶碰撞或者其他海事损害事故请求损害赔偿提起的诉讼,由碰撞发生地、碰撞船舶最先到达地、加害船舶被扣留地或者被告住所地法院管辖。

(9) 因海难救助费用提起的诉讼,由救助地或者被救助船舶最先到达地人民法院管辖。

(10) 因共同海损提起的诉讼,由船舶最先到达地、共同海损理算地或者航程终止地的人民法院管辖。

(三) 协议管辖

合同或者其他财产权益纠纷的当事人可以书面协议选择被告住所地、合同履行地、合同签订地、原告住所地、标的物所在地等与争议有实际联系地点的人民法院管辖,但不得违反级别管辖和专属管辖的规定。

(四) 专属管辖

下列案件,由规定的人民法院专属管辖:

(1) 因不动产纠纷提起的诉讼,由不动产所在地人民法院管辖。

(2) 因港口作业中发生纠纷提起的诉讼,由港口所在地人民法院管辖。

(3) 因继承遗产纠纷提起的诉讼,由被继承人死亡时住所地或者主要遗产所在地人民法院管辖。

(五) 共同管辖和选择管辖

两个以上法院都有管辖权(共同管辖)的诉讼,原告可以向其中一个法院起诉(选择管辖);原告向两个以上有管辖权的法院起诉的,由"最先立案"的法院管辖。

(六) 移送管辖和指定管辖

移送管辖是指没有管辖权的人民法院将已受理的案件移送给有管辖权的人民法院受理,接受移送的法院不可以再自行移送。

指定管辖是指有管辖权的人民法院由于特殊原因不能行使管辖权的,由上级法院指定管辖。两个以上法院因管辖权发生争议,由双方共同的上级法院指定管辖的法院,上级人民法院有权审理下级法院管辖的第一审案件,也可把本院管辖的第一审案件交由下级法院审理。下级法院对其管辖的第一审案件,认为需要由上级法院审理的,可报请上级法院审理。

人民法院发现受理的案件不属于本院管辖的,应当移送有管辖权的人民法院,受移送的人民法院应当受理。受移送的人民法院认为受移送的案件依照规定不属于本院管辖的,应当报请上级人民法院指定管辖,不得再自行移送。

有管辖权的人民法院由于特殊原因,不能行使管辖权的,由上级人民法院指定管辖。

人民法院之间因管辖权发生争议,由争议双方协商解决;协商解决不了的,报请其共同上级人民法院指定管辖。

上级人民法院有权审理下级人民法院管辖的第一审民事案件;确有必要将本院管辖的第一审民事案件交下级人民法院审理的,应当报请其上级人民法院批准。

下级人民法院对其所管辖的第一审民事案件,认为需要由上级人民法院审理的,可以报请上级人民法院审理。

三、民事诉讼时效制度

(一)诉讼时效概述

1. 诉讼时效的概念

诉讼时效,是指权利人在法定期间内不行使权利而失去诉讼保护的制度。

2. 诉讼时效的作用

(1)督促权利人及时行使权利。
(2)维护既定的法律秩序的稳定。
(3)有利于证据的收集和判断。

诉讼时效期间届满的,义务人可以提出不履行义务的抗辩。诉讼时效期间届满后,义务人同意履行的,不得以诉讼时效期间届满为由抗辩;义务人已经自愿履行的,不得请求返还。

(二)诉讼时效期间

1. 普通诉讼时效

向人民法院请求保护民事权利的诉讼时效期间为三年。法律另有规定的,依照其规定。

诉讼时效期间自权利人知道或者应当知道权利受到损害以及义务人之日起计算。法律另有规定的,依照其规定。

分期履行债务的诉讼时效:当事人约定同一债务分期履行的,诉讼时效期间自最后一期履行期限届满之日起计算。

对法定代理人请求权的诉讼时效:无民事行为能力人或者限制民事行为能力人对其法定代理人的请求权的诉讼时效期间,自该法定代理终止之日起计算。

受性侵未成年人赔偿请求权的诉讼时效:未成年人遭受性侵害的损害赔偿请求权的诉讼时效期间,自受害人年满十八周岁之日起计算。

2. 最长诉讼时效期间(也称绝对时效期间)

诉讼时效期间,从权利被侵害之日起超过20年的,法院不予保护。有特殊情况的,人民法院可以根据权利人的申请决定延长。

想一想

普通诉讼时效期间为几年？从何日起计算？

(三)诉讼时效期间的中止和中断

1.诉讼时效期间的中止

诉讼时效期间的中止,是指在诉讼时效期间的最后6个月内,因下列障碍,不能行使请求权的,诉讼时效中止：

(1)不可抗力。

(2)无民事行为能力人或者限制民事行为能力人没有法定代理人,或者法定代理人死亡、丧失民事行为能力、丧失代理权。

(3)继承开始后未确定继承人或者遗产管理人。

(4)权利人被义务人或者其他人控制。

(5)其他导致权利人不能行使请求权的障碍。

自中止时效的原因消除之日起满六个月,诉讼时效期间届满。

2.诉讼时效期间的中断

有下列情形之一的,诉讼时效中断,从中断、有关程序终结时起,诉讼时效期间重新计算：

(1)权利人向义务人提出履行请求。

(2)义务人同意履行义务。

(3)权利人提起诉讼或者申请仲裁。

(4)与提起诉讼或者申请仲裁具有同等效力的其他情形。

四、判决和执行制度

(一)判决

(1)法院审理案件,除涉及国家秘密、个人隐私或者法律另有规定的以外,应当公开进行。

(2)法院审理民事案件,可以根据当事人的意愿进行调解。

(3)当事人不服法院第一审判决的,有权在判决书送达之日起15日内向上一级法院提起上诉。

提示：第二审法院的判决,以及最高法院审判的第一审案件的判决,都是终审的判决,也就是发生法律效力的判决。

(二)执行

发生法律效力的民事判决、裁定,以及刑事判决、裁定中的财产部分,由第一审人民法院或者与第一审人民法院同级的被执行的财产所在地人民法院执行。

法律规定由人民法院执行的其他法律文书,由被执行人住所地或者被执行的财产所在地人民法院执行。强制执行措施包括:

(1)查询、冻结、划拨被执行人的存款。
(2)扣留、提取被执行人的收入。
(3)查封、扣押、冻结、拍卖、变卖被执行人的财产。
(4)搜查被执行人的财产。
(5)强制被执行人交付法律文书指定的财物或票证。
(6)强制被执行人迁出房屋或强制退出土地。
(7)强制被执行人履行法律文书指定的行为。
(8)要求有关单位办理财产权证照转移手续。
(9)强制被执行人支付迟延履行期间的债务利息及迟延履行金。

案例研讨

案例7-2:私自扒乘货车导致伤亡事故案

案例描述: 2018年1月8日,邓某在某铁路局所属的A火车站私自扒乘21018次货物列车,并在跳车时被一列货物列车压伤左下肢。事故发生后,A车站立即将邓某送到医院住院治疗,邓某左腿高位截肢。

邓某认为,其在伤愈出院后即因参与破坏电力设备被判刑三年六个月,至2021年8月1日刑满释放,尚未来得及行使赔偿诉权。邓某现已终身残疾,家中还有60岁的母亲和5岁的幼儿,生活困难,该铁路局仅支付了邓某住院期间的医疗费,对邓某没有任何赔偿。邓某要求该铁路局赔偿医疗费、误工费、护理费、交通费、住宿费、住院伙食补助费、伤残补助费、伤残鉴定费、残疾辅助器安装假肢费、精神损害赔偿金,共计244144.78元。

请思考:
(1)法院是否应当受理?说明理由。
(2)邓某的诉讼是否已超过诉讼时效?说明理由。
(3)法院应当做出怎样的判决?说明理由。

复习思考题

1. 什么是仲裁?仲裁的原则有哪些?
2. 什么是诉讼时效?诉讼时效的种类有哪些?
3. 什么是诉讼时效的中止和中断?
4. 哪些纠纷不能申请仲裁?

参 考 文 献

[1] 中华人民共和国宪法[M].北京:法律出版社,2018.
[2] 中华人民共和国民法典:实用版[M].北京:中国法制出版社,2020.
[3] 中华人民共和国刑法:精装公报版[M].北京:法律出版社,2021.
[4] 中华人民共和国保险法:含新保险法司法解释[M].北京:人民法院出版社,2021.
[5] 中华人民共和国全国人民代表大会.中华人民共和国铁路法:2015年修正[M].北京:中国铁道出版社,2015.
[6] 中华人民共和国民事诉讼法:2017年最新修订[M].北京:中国法制出版社,2017.
[7] 国务院法制办.铁路安全管理条例[M].北京:人民交通出版社,2013.
[8] 铁路交通事故应急救援和调查处理条例[EB/OL]. http://www.gov.cn/zhengce/2020-12/27/content_5573597.htm.
[9] 铁路货物运输合同实施细则[EB/OL]. http://www.gov.cn/gongbao/content/2011/content_1860722.htm.
[10] 中华人民共和国铁道部.中华人民共和国铁道部铁路旅客运输规程[M].北京:中国铁道出版社,1997.
[11] 中华人民共和国铁道部.中华人民共和国铁道部铁路货物运输规程[M].北京:中国铁道出版社,2000.